Copyright © 2022 Rafaella Baltar
© 2022 by Editora Nova Fronteira Participações S.A.

Direitos de edição da obra em língua portuguesa no Brasil adquiridos pela Editora Nova Fronteira Participações S. A. Todos os direitos reservados. Nenhuma parte desta obra pode ser apropriada e estocada em sistema de banco de dados ou processo similar, em qualquer forma ou meio, seja eletrônico, de fotocópia, gravação etc., sem a permissão do detentor do copirraite.

Editora Nova Fronteira Participações S.A.
Rua Candelária, 60 — 7º andar — Centro — 20091-020
Rio de Janeiro — RJ — Brasil
Tel.: (21) 3882-8200 — Fax: (21) 3882-8212/8313

Arte da capa: *Camila Cortez*
Foto da capa: *Washington Possato*

Dados Internacionais de Catalogação na Publicação (CIP)
(Câmara Brasileira do Livro, SP, Brasil)

B197s   Baltar, Rafaella

Os segredos do sucesso na internet / Rafaella Baltar. –
Rio de Janeiro : Pixel, 2022.
128 p. ; 15,5 x 23 cm

ISBN: 9786586668346

1. Literatura infantojuvenil. I. Título.

CDD: 790.1922
CDU: 82-9

André Queiroz - CRB-4/2242

Sumário

Capítulo 1
Prazer, Rafaella! — 9

Capítulo 2
Como ganhei dinheiro com o YouTube — 19

Capítulo 3
Quem vê close não vê corre — 35

Capítulo 4
Mães (e pais) à obra! — 51

Capítulo 5
Rafa & Luiz — 65

Capítulo 6
Mansão Kids Fun — 75

Capítulo 7
Mundo, aí vou eu! — 85

Capítulo 8
Meus fãs: tudo para mim! — 97

Capítulo 9
Dá para ser feliz na internet? — 107

Capítulo 10
Agora é com você! — 119

Dedico este livro à minha *mãe*, pois desde o início acreditou no meu sonho e me incentivou a não desistir dele; ao meu *pai*, que, por sua vez, achava tudo uma grande viagem e fez com que eu buscasse uma força interior que eu nem sabia que tinha para provar o contrário; à minha *irmã*, que foi a responsável por despertar em mim essa vontade de criar conteúdo e trabalhar com a internet, afinal, tudo começou com o canal que eu criei a pedido dela; ao meu namorado *Luiz*, que está sempre ao meu lado me dando força, criando projetos, tendo ideias mirabolantes, compartilhando os sufocos e, sobretudo, deixando a vida mais leve e divertida; à minha *avó*, que vibra a cada conquista minha e me faz querer dar mais e mais orgulho para ela; e, por último, porém não menos importante, aos meus *fãs*: meu combustível diário para seguir em frente e dar o meu melhor, minha fonte inesgotável de carinho e a comprovação diária de que estou no caminho certo. Este livro é para todos vocês!

Com amor,
Rafa.

Capítulo 1

Prazer, Rafaella!

Capítulo 1

Prazer, Rafaella!

Oi! Aqui quem fala é a Rafaella Baltar, mas você pode me chamar de Rafa. Aliás, você provavelmente já me chama assim, né? Este livro é para você, que me acompanha no canal do YouTube Rafa & Luiz, nas redes sociais e que sonha em alcançar grandes feitos, como um dia eu sonhei. Pode ser que seu objetivo seja se tornar um youtuber, como eu, ou talvez seu sonho seja outro. Não importa: o que eu espero é que, depois de ler este livro, você se sinta inspirado a lutar pelo que deseja, seja o que for.

Quando comecei a minha caminhada, sentia muita falta de uma leitura voltada para jovens como eu, que me ajudasse a descobrir meu potencial e, principalmente, me permitisse acreditar que é possível realizar grandes sonhos ainda na juventude. A gente (principalmente quem não nasce em "berço de ouro", como foi meu caso) cresce ouvindo que só vai conseguir conquistar uma vida confortável depois de uma certa idade, com muitos anos de carreira e uma família estabelecida. Mas eu nunca me conformei com isso: queria ter a vida que eu achava que merecia – e era para ontem!

Aos poucos, fui quebrando vários desses tabus e mostrando a mim mesma, à minha família e ao mundo que, sim, é possível ser uma garota de sucesso aos vinte e poucos anos – até mesmo antes disso. Desde pequena, eu vou atrás da minha independência. Nasci numa família de classe média, na zona norte do Rio de Janeiro, e levava uma vida simples: não faltava nada, mas também não tinha nenhum luxo. Meus pais e eu morávamos num apartamento pequeno, até que, quando a minha mãe estava grávida, esperando a minha irmã, nós nos mudamos para uma *casa maior*, com terraço, onde eu passei a maior parte da minha vida.

Aos dez anos, resolvi produzir bijuterias para vender na escola. Meu pai ia comigo ao Saara, área de comércio popular no Centro do Rio, e me deixava gastar até R$ 30 em miçangas, elásticos, fechos e outros acessórios para fazer os brincos, pulseiras e colares que eu vendia. Eu lembro que organizava tudo numa caixinha cheia de espaçamentos e depois embalava as bijuterias num envelope bonitinho, com muito capricho, para as minhas "freguesas" da escola. Na época, eu cobrava cerca de R$ 2 por peça e não tinha lucro nenhum com aquilo, era só mesmo uma diversão. Mas meu pai me incentivava a continuar, e hoje eu acho que ele fazia isso porque já notava em mim um lado empreendedor.

Pouco tempo depois, aos 14 anos, entrei num curso de corte, costura e modelagem. Eu queria usar roupas que meu pai não podia me dar, porque eram muito caras, então decidi fabricar os meus próprios *looks*. Aprendi a desenhar moldes, a copiar o estilo das blusas e saias que eu via nas vitrines e a transformar roupas antigas em *looks* descolados. Eu adorava customizar meus shorts, colocar tachinhas, descolorir tecidos... Era uma diversão e, ao mesmo tempo, uma maneira de economizar também, claro!

Fiz um vestido lindo para a minha irmã usar num evento da escola, além de muitas roupas para mim e minha mãe. E quando alguém elogiava, eu fazia questão de dizer que aquela roupa tinha sido feita por mim. Tinha o maior orgulho! Uma das minhas vizinhas, de vez em quando, me pedia para fazer roupas para ela, e eu achava aquilo o máximo. Naquela época, eu ainda não tinha muita autoconfiança, e o simples fato de alguém gostar de um vestido que eu fiz, a ponto de querer comprar, era um estímulo e tanto!

Apesar da pouca idade, eu tentava empreender de diversas formas. Minha avó levava para a igreja os **panos de prato e luvas** de cozinheiro que eu também fazia – e esse kit vendia muito! Mas, assim como na fase das bijuterias, eu ainda não ganhava dinheiro. Gostava de produzir aquelas peças para me sentir produtiva, em movimento, útil, mas ainda não sabia calcular as despesas, os ganhos e estabelecer um preço que me permitisse ter lucro. Hoje, eu vejo que essas iniciativas, que surgiram como brincadeira, foram uma espécie de treinamento, uma semente para que depois eu trilhasse um caminho de dedicação ao trabalho e à independência financeira.

Um grande incentivador para que eu me tornasse quem sou hoje foi o meu pai – mas ele fez isso do jeito dele. Meu pai sempre foi "mão-fechada", daquele tipo que custa a tirar o escorpião do bolso, sabe? Na infância e na adolescência, eu reclamava muito quando pedia um presente e ouvia um "não" como resposta, mas hoje entendo que ele queria me ensinar o valor das coisas – e acho que aprendi. Toda vez que eu dizia que "todo mundo" tinha alguma coisa, além do clássico "Você não é todo mundo", ele dizia que a gente precisava se esforçar para ter o que queria, juntando dinheiro, correndo atrás. E foi o que eu fiz.

Além de nunca permitir muitas extravagâncias financeiras, meu pai sempre me ensinou a cooperar com o trabalho da casa. Ele me colocava para fazer tudo o que você puder imaginar: rejuntar piso, carregar caixas, ajudar a desentupir bueiro... Eu não gostava de fazer nada disso, é claro, mas, de certa forma, essas experiências me tornaram uma pessoa com mais autonomia e disposição para o trabalho. Com o meu pai, definitivamente, aprendi a "me virar". Se ele tivesse me criado como a "princesinha do papai" e me dado de mão beijada tudo o que eu pedia, talvez eu não tivesse me esforçado tanto para construir uma carreira bem-sucedida. Acho que eu nem estaria aqui, te contando essa história agora.

A escola também teve um papel importante na minha trajetória como youtuber, por mais curioso que isso pareça. Quando eu estava no oitavo ano, minhas professoras de Literatura Brasileira e de Inglês pediam que alguns dos trabalhos da turma fossem apresentados em vídeo. Em cada vídeo, os grupos de alunos tinham que interpretar letras de música. Gravamos "Eduardo e Mônica", da Legião Urbana, e também interpretamos uma música da Katy Perry e "Chic, Chic", da Kelly Key, que diz "Eu quero ser famosa, ser uma grande artista, gravar comercial, ser capa de revista...". Acho que ali foi mesmo o começo de tudo!

Quando o grupo se reunia para dividir as tarefas, eu sempre pedia para ser a responsável por filmar e editar, porque adorava fazer isso. Foi também nessa fase, aos 13 anos, que aprendi a usar programas de edição de fotos, o que, para mim, foi a descoberta do paraíso. Até hoje, crio várias das *thumbnails* dos vídeos do meu canal, porque essa é uma das partes do processo que eu mais curto. Naquela época, eu editava fotos de pessoas famosas, colocava filtros, efeitos, deixava as fotos mais bonitas, numa tentativa de que alguém me notasse na internet – mas nunca rolou!

Com esses trabalhos, tive meus primeiros contatos com tudo o que hoje faço profissionalmente: criação, filmagem, edição e publicação de vídeos. Além disso, meu pai (sempre ele!) também gostava de Fotografia e filmagem e me incentivava a aprender a usar as câmeras de segunda mão que ele comprava. Aos poucos, fui criando intimidade com a câmera e, principalmente, gostando da coisa.

Eu era uma aluna dedicada na escola, mas, desde cedo, sempre soube que não poderia fazer faculdade. Meu pai dizia que não teria condições de me sustentar enquanto eu estudasse, mesmo que eu conseguisse passar para uma universidade pública... Ou seja, eu tinha que trabalhar! Quando terminei o Ensino Médio, aos 17 anos, meu pai me matriculou num curso on-line para concursos públicos e disse que, quando eu já estivesse empregada, recebendo meu próprio salário, eu poderia fazer a faculdade que quisesse.

Sem alternativa, passei a estudar mais de dez horas por dia para fazer um concurso que pagaria um salário de R$ 3.000 aos aprovados. Cismei que precisava passar, de qualquer jeito, porque aquele dinheiro faria muita diferença na minha vida na época. De tanto me cobrar pela aprovação, passei a ter sintomas alérgicos causados por estresse e, de quebra, ainda arrumei uma dermatite nas mãos.

Eu vivia em função do concurso e, quando menos esperava, o YouTube surgiu na minha vida. A Ju, minha irmã mais nova, que, nessa época, tinha sete anos, me pediu ajuda para gravar alguns vídeos e eu topei ajudá-la, por diversão mesmo. Por muito tempo, trabalhamos juntas no canal sem saber que era possível ganhar dinheiro com isso, até que eu descobri que os vídeos poderiam ser monetizados. Demorou um ano até que recebêssemos a primeira quantia do YouTube: na época, o valor, em dólares, equivalia a R$ 500.

Nesse meio-tempo, continuei estudando para o concurso público (afinal, meu pai jamais me deixaria desistir do curso que ele pagou!) e até fiz a prova, mas não passei. Eu já estava pronta para começar a estudar para a próxima prova, totalmente no espírito da "saga do concurseiro", mas o YouTube interrompeu os planos do meu pai de ter uma filha funcionária pública – e apresentou muitas outras possibilidades à nossa família. Aos poucos, as pessoas começaram a se interessar pelos vídeos do canal da Ju e a pedir para que eu também aparecesse, até que decidi criar o meu canal.

Todos os nossos vídeos eram gravados lá em casa mesmo. No começo, gravávamos no andar de baixo, mas tínhamos muitas restrições. Contávamos com pouca disponibilidade de horário para uso e, além disso, meu pai reclamava que as gravações o incomodavam e tiravam um pouco da sua liberdade em casa.

Foi só depois de um bom tempo trabalhando que eu consegui juntar dinheiro para reformar o terraço e criar uma espécie de estúdio, como vou te contar no próximo capítulo. Mas o terraço também não era o espaço ideal: nossas gravações eram interrompidas por barulhos de aviões e até de tiroteios nas imediações da minha casa.

Era tudo no improviso: meus pais, de vez em quando, davam uma mãozinha, filmavam aqui, interpretavam um papel numa novelinha ali, mas não tínhamos equipe, estrutura, nada disso. Gravávamos muitos vídeos na piscina da nossa casa, que meu pai construiu sozinho. Criávamos ferramentas e cenários com tubos de PVC, papelão, tecidos e outras coisas bem mais simples e baratas que os equipamentos profissionais. Aliás, no início, nem câmera a gente tinha: os vídeos eram gravados com o meu celular mesmo, que não era nada sofisticado.

Hoje, as pessoas veem os 16 milhões de inscritos do meu canal e os 12 milhões do canal da Ju e podem pensar que foi fácil chegar até aqui. Mas a gente começou do zero e, com o tempo, os inscritos foram chegando: dez, vinte, cinquenta, cem, mil... Nossa, eu me lembro da nossa felicidade quando chegamos à marca de mil inscritos! Eu sei que muita gente deve olhar para nós, hoje, e achar que é impossível chegar aonde chegamos. Mas eu estou aqui justamente para te dizer que, sim, você também pode!

Eu não comprei um canal com *16 milhões de inscritos*: eu o construí, com muito trabalho e esforço. Portanto, se você tem um sonho que, às vezes, parece distante ou grande demais para você, saiba que o céu é o limite para quem está realmente disposto a lutar e batalhar pelo que quer. E se você não sabe por onde começar, vem comigo! Vou te contar a minha história, passo a passo, para que você veja que também pode fazer acontecer, e te digo mais: você pode começar agora. Tem que ter coragem, disposição e fôlego, mas tenho certeza de que você consegue! Vamos em frente?

Capítulo 2

Como ganhei dinheiro com o YouTube

Capítulo 2
Como ganhei dinheiro com o YouTube

Minha história com o YouTube começou como uma brincadeira entre irmãs. A Ju mantinha um canal, apenas por diversão, e eu a ajudava a gravar e publicar os vídeos. Com o tempo, me interessei pelo assunto e descobri, pesquisando na internet, que era possível monetizar o canal, ou seja, ganhar dinheiro pelos vídeos publicados. Opa! Como contei no primeiro capítulo, sempre pensei na minha independência financeira, desde muito pequena. Então, quando entendi que aquilo que eu fazia por *hobby* poderia se tornar uma fonte de rendimentos, não pensei duas vezes e comecei a trabalhar para isso.

Meu maior desafio, na época, era conciliar o trabalho no canal da Ju – planejamento, produção, gravação, edição e publicação dos vídeos, sem falar na divulgação! – com os meus estudos no colégio e a preparação para concurso público. Durante todo o ano de 2014, precisei me desdobrar para dar conta das minhas tarefas, porque não podia cogitar abandonar os estudos ou o curso preparatório que meu pai havia pago para mim. Afinal, eu estava quase terminando o Ensino Médio e ainda não tinha nenhuma perspectiva profissional, nenhuma garantia de que eu seria "alguém na vida".

Eu e Ju tivemos um ano inteiro de muito esforço e trabalho, até que conseguimos juntar **US$ 169,35 com os vídeos**, finalmente, superando o mínimo de US$ 100 requeridos pelo YouTube para permitir o saque do dinheiro. Na época, o dólar valia R$ 2,96, então o nosso ganho foi de R$ 501,28. Que felicidade! Eu me lembro da emoção que senti quando entrei no banco para retirar aquele dinheiro – nosso primeiro pagamento, meu e da Ju.

O gerente do banco notou a minha alegria e disse que um de seus clientes tinha conseguido comprar um carro graças ao trabalho no YouTube. Minha mãe e eu ficamos impressionadas: se eu tinha demorado um ano inteiro para receber R$ 500, será mesmo que dava para ganhar o suficiente para comprar um carro, só com os vídeos? Fomos para casa com essa dúvida, conversando sobre isso durante todo o caminho.

Quando chegamos, contei ao meu pai a notícia mais maravilhosa dos últimos tempos: eu tinha recebido R$ 500! A reação dele foi uma gargalhada, das mais altas que eu já escutei, como se eu tivesse contado uma piada engraçadíssima. Lembro até hoje das palavras dele: "Você acha que isso é muito dinheiro, Rafa? Você levou UM ANO trabalhando nesses vídeos e ainda acha que ganhou muito? Não foi isso o que te ensinei!"

Fiquei um pouco frustrada com essa resposta, é claro, mas contei a ele o que o gerente do banco tinha me dito sobre o cliente que conseguiu comprar um carro com o dinheiro do YouTube, para ver se ele se animava. Só piorei as coisas! Meu pai ficou indignado, disse que isso era absurdo, impossível e que eu não deveria perder o meu tempo acreditando numa história assim.

Mas, aos poucos, até mesmo o cabeça-dura do meu pai teve que dar o braço a torcer. As coisas caminharam, eu e a Ju pegamos o ritmo das gravações e publicações e o dinheiro começou a entrar.

Em 2016, consegui comprar *um carro 0km para minha mãe*.

Como eu sempre fui muito organizada, anotava em um caderno todas as despesas, ganhos e variações de números do canal. Tenho tudo registrado: os rendimentos mensais, as metas de crescimento e até as despesas com os brinquedos que usávamos nos vídeos.

Aliás, um desses registros me fez lembrar de uma história engraçada: numa anotação de abril de 2015, logo abaixo dos valores do meu primeiro saque, escrevi "*Juliana: R$ 50*". Essa foi a "taxa" que eu precisei pagar para convencer a minha irmã a pular na piscina lá de casa, de roupa, chinelo e tudo, para gravar o vídeo "Tipos de Primo". A cena ficou hilária e o vídeo bombou no canal dela – hoje, já soma mais de 56 milhões de visualizações. Olhando por esse lado, a Ju cobrou até pouco pelo pulo na piscina! Esses foram os R$ 50 mais bem aplicados da minha vida, viu?

A cada mês, ganhávamos um pouquinho mais, até que chegamos a um valor mensal que já era razoável para bancar os nossos custos. Foi aí que eu decidi deixar de estudar para concurso público e me dedicar inteiramente ao YouTube. Você pode imaginar como meu pai reagiu a essa novidade, né? Ele ficou assustado e, num dos seus clássicos discursos paternos, me lembrou, mais uma vez, que não iria me sustentar e que eu precisava me virar.

Minha mãe apoiava a minha ideia de investir na carreira de youtuber, mas ela não poderia bancar essa aventura sozinha. O principal provedor da casa sempre foi meu pai, que já tinha deixado claro que eu não poderia contar com o apoio financeiro dele, ou seja, meu plano tinha que dar certo. E eu fiz dar certo!

Conforme o dinheiro entrava, eu investia em equipamentos, cenário, em tudo o que pudesse colaborar com o crescimento do canal. Pedir ajuda para o meu pai estava fora de cogitação, então o jeito era guardar todo o dinheiro

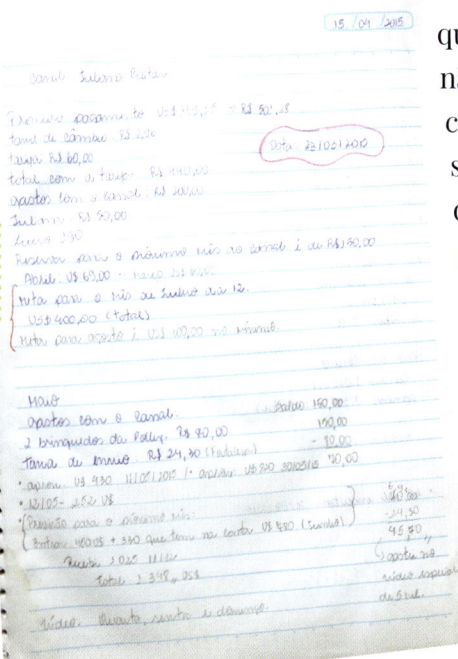

que entrava, sem gastar com nada que não fosse essencial. Depois de um tempo, consegui comprar uma câmera para substituir o telefone celular "ferradinho" que eu usava para gravar os vídeos. Meu pai ficou louco! "Como é que você gasta tudo o que ganhou com uma câmera, Rafa?" Eu entendia o receio dele, mas sabia também que aquela compra era um investimento necessário.

Como a grana era curta, eu improvisava muito. Com a ajuda do Luiz, meu namorado, transformei canos de PVC, areia e caixas de papelão numa *soft box* – um equipamento para melhorar a iluminação do ambiente. Nessa época, o Luiz chegava à minha casa bem cedo para me ajudar a gravar e só não ficava até de madrugada porque meu pai estipulava um horário limite para que ele fosse embora.

O trabalho era intenso, mas o que me dava incentivo era ver que, mês a mês, o canal ganhava mais inscritos, os vídeos tinham mais visualizações e, claro, nosso faturamento aumentava. Os bons resultados – que, como sempre, eu registrava no meu caderninho – me faziam ter mais confiança de que as coisas dariam certo. Isso foi fundamental para que eu mantivesse o foco. Eu, Ju e Luiz celebrávamos cada conquista, cada marca que ultrapassávamos – aliás, a gente faz isso até hoje, porque não existe nada mais gostoso que comemorar uma vitória que é fruto do nosso esforço.

Depois de alguns meses, no segundo semestre de 2015, eu e Luiz decidimos criar mais um canal, o Kids Fun, protagonizado por nós dois. Como já contei aqui, o canal Juliana Baltar começou como uma diversão, mas, com o Kids Fun, já tínhamos o objetivo claro de fazer daquilo uma profissão. Eu e Luiz continuamos trabalhando no canal da Ju, mas, agora, tínhamos mais um "filho" para cuidar: mais planejamento, mais gravações, mais edição, mais publicações... Tudo em dobro!

Mas o esforço valeu a pena: apesar de já conhecer o potencial de um canal voltado para o público infantil, nós nos surpreendemos com a rapidez com que o Kids Fun cresceu. Em pouco tempo, o canal superou o da Ju em número de inscritos, visualizações e, consequentemente, faturamento. O fruto de toda essa dedicação são os mais de 16 milhões de inscritos no canal Kids Fun, que hoje se chama Rafa & Luiz, além dos 12 milhões que acompanham a Ju no canal Juliana Baltar.

Agora, eu vou te ajudar a decolar também! Listei algumas dicas que considero essenciais e espero que te inspirem a correr atrás do seu sonho. Se você quer criar um canal no YouTube, ou até mesmo já criou seu canal e não sabe o que fazer para crescer, vem comigo!

Frequência: quem não é visto não é lembrado.

Muita gente acredita que o trabalho de um youtuber é simples: basta gravar meia dúzia de vídeos, publicar na internet e esperar o dinheiro entrar. Mas não é assim que as coisas funcionam. Se você pretende ter um canal, um dos primeiros pontos que deve ter em mente é que seus vídeos não podem "surgir" de vez em quando na *timeline* das pessoas. É preciso estabelecer datas e horários fixos para a publicação do seu conteúdo, exatamente como fazem as emissoras de TV.

Aliás, as grades de programação da Televisão são uma ótima referência para nós, youtubers. Imagine, por exemplo, que todo domingo você assista a um programa de TV com sua família. Você sabe que aquele programa passa sempre aos domingos, no mesmo horário, e espera por ele a semana toda. Daí, você liga a TV em um domingo e não encontra aquele programa. Você estranha, mas volta na semana seguinte. Para sua surpresa, o programa, mais uma vez, não está passando! Provavelmente, depois dessa tentativa, você não vai voltar.

Com o YouTube, é mais ou menos assim também. É muito importante que o público saiba em que dias e horários você publica seu conteúdo, para que passe a esperar pelo novo material, além de criar o hábito de te acompanhar sempre, de acordo com sua frequência de postagem. Mas, se os inscritos visitam seu canal no dia e horário combinados e não encontram o vídeo novo, eles certamente vão se decepcionar. Se essas falhas se tornarem rotina, pode ser até que as pessoas deixem de procurar pelo seu conteúdo – afinal, o que não falta é opção nessa internet, né?

Inove e capriche!

Quando a gente se propõe a fazer qualquer coisa, principalmente se existe a pretensão de transformar aquilo em um trabalho, é fundamental dedicar muito carinho e criatividade. Eu e Luiz sempre pensamos assim e procuramos inovar nos nossos vídeos, mostrando ao público que o nosso conteúdo é feito com cuidado.

Buscar referências não é problema nenhum, mas você precisa diferenciar seu conteúdo dos demais, caprichando na produção e nas ideias. No início do nosso canal, eu e Luiz assistíamos a vários outros criadores e gravávamos vídeos com temas que outras pessoas já haviam explorado, mas sempre demos o nosso toque, com cenas divertidas, bem gravadas, incrementando o que já existia e fugindo do óbvio e do fácil.

Assistíamos, por exemplo, a várias novelinhas de outros canais e notávamos que, muitas vezes, os figurinos eram repetidos, os cenários não tinham muita graça ou a iluminação era insuficiente. Faltava alguma coisa, sabe? Por isso, nos nossos vídeos, a gente sempre se esforçava para variar as roupas (mesmo que para isso eu e Ju tivéssemos que usar as roupas uma da outra, já que não tínhamos muitas opções), conseguir a melhor luz (mesmo que precisássemos gravar durante o dia, o que, como você já sabe, não era nada simples lá em casa) e, aos poucos, aprimorar a qualidade do nosso conteúdo.

Nossos papos eram sempre assim: "O som desse vídeo ficou estranho, como a gente consegue um som melhor? Do que sentimos falta nesse vídeo? E se a gente gravasse no quintal, para variar o cenário?" Nosso objetivo era fazer sempre melhor. Tenho certeza de que essa busca pela qualidade foi fundamental para o sucesso do canal. Som, luz, cenário, roteiro, edição, tudo isso deve ser feito com atenção e cuidado. Quanto mais caprichado for seu vídeo, mais você vai conseguir conquistar a atenção de quem estiver te vendo.

Também é importante surfar nas tendências, mas sempre mantendo sua personalidade, seu estilo. Se tem uma *trend* bombando, é importante que você esteja dentro, mas adapte o conteúdo ao seu universo, deixe tudo sempre com sua cara e, se possível, acrescente algo a mais, melhorando a ideia original. Você não vai se destacar copiando o que todo mundo já faz.

Diversifique o conteúdo.

No canal Rafa & Luiz, seguimos uma estratégia que eu chamo de "**fácil-médio-difícil**". Na prática, isso significa que o canal publica três tipos de conteúdo, divididos de acordo com a complexidade de cada um. Os vídeos fáceis são aqueles que eu crio agora e posso postar amanhã mesmo, gravando bem rapidinho, sozinha em casa ou com a ajuda do Luiz. Já os vídeos de média dificuldade demandam uma equipe (Hoje em dia, né? Antigamente era tudo no improviso!) e levam cerca de uma semana para ficar prontos. Vídeos desse tipo não podem ser publicados sempre, porque precisam de um investimento maior. E tem também os difíceis, como as webséries, que exigem uma equipe grande, investimento alto, mas têm muito potencial de retorno.

O grande desafio é equilibrar esses três tipos de conteúdo. Os vídeos fáceis de fazer vão te ajudar a ganhar volume de publicações e a garantir uma boa frequência, mas, se você trabalhar apenas com o que é fácil, dificilmente vai sair do lugar. Por isso é tão importante investir, inovar e se desafiar sempre!

Divulgue-se!

Espera aí, não vai me dizer que você tem vergonha de divulgar seu canal no YouTube ou suas redes sociais! Tudo bem, eu entendo: no começo pode ser difícil, nem todo mundo entende o que é um influenciador digital e, às vezes, alguém pode até debochar de você, mas, se você acredita no seu objetivo, tente não ligar para isso. Divulgue seu canal sempre que puder!

Na escola, eu sempre pedia aos professores para deixar um recadinho no quadro, ao fim da aula, e escrevia lá o link do canal da Ju, junto com uma mensagem para que os colegas se inscrevessem. Falava para todo mundo sobre o canal, fazia propaganda mesmo, e acho que isso foi muito importante para o nosso crescimento.

No começo do canal, eu e Ju tínhamos o hábito de assistir a vídeos de outros criadores para deixar comentários relevantes, que pudessem despertar a atenção de quem o estivesse assistindo. Nunca fizemos spam – aliás, jamais faça isso: ninguém aguenta ler aqueles comentários repetidos, pedidos de incentivo e outros clichês –, mas dávamos a nossa opinião sobre o vídeo. Muita gente nos conheceu assim, identificando-se com algum comentário que deixamos no vídeo de outra pessoa.

Convide o público para participar.

Uma das melhores coisas que a internet oferece, na minha opinião, é a oportunidade de conversar e trocar ideias com o público, sem muitas barreiras. Você pode (e deve!) aproveitar isso para criar ainda mais engajamento com seu conteúdo. Nos seus vídeos, procure sempre criar uma pergunta para o público ou pedir a opinião das pessoas sobre algum assunto.

Eu e Ju, de vez em quando, pedimos que a galera resolva alguma "treta" nossa. Se eu digo, por exemplo, que a cor mais bonita é azul e a Ju diz que prefere rosa, a gente devolve a questão para que o público resolva. E todos adoram participar! Nos vídeos seguintes, sempre comentamos o que as pessoas opinaram, mostrando que realmente lemos o que o público manda para a gente. Essa é uma maneira de fazer seus fãs se sentirem relevantes, de mostrar que você se importa e confia na opinião deles, que a relação de vocês é de diálogo e troca.

Encontre seu estilo de vida.

Essa não é uma dica específica para quem deseja ser youtuber: vale para todo mundo! É essencial encontrar um estilo de vida que seja adequado às suas necessidades, ao ritmo que seu corpo pede e, claro, às suas obrigações e metas a cumprir.

Durante uma época da minha vida, eu acordava todos os dias às 5h para realizar toda a minha listinha de tarefas. Eu tinha acabado de ler o livro "O Milagre da Manhã" e me senti muito inspirada por essa vibe de acordar cedo, tomar café da manhã com calma, fazer exercícios físicos e ter tempo para ler um livro antes de começar a trabalhar. Toda vez que sinto que estou perdendo o controle da minha organização, passo a acordar mais cedo que o normal, por volta das 6h, para colocar as coisas nos eixos novamente. Sempre dá certo!

Eu poderia até dizer aqui que esse perfil é fundamental para o sucesso, mas o Luiz discorda e está aqui ao meu lado dizendo que bom mesmo é acordar tarde. Mas ele se esquece de que, no começo do nosso canal, ele acordava bem cedo e chegava à minha casa às 8h para começar as gravações! Hoje em dia, ele pode fazer o próprio horário: acorda mais tarde e vai dormir de madrugada. Afinal, na casa nova, não tem o meu pai para mandá-lo embora às 22h!

Cada pessoa tem seu ritmo, e o legal de trabalhar como influenciador digital é que você tem flexibilidade e pode fazer a carga horária que achar melhor. Mas, seja qual for seu estilo, é importante manter-se sempre em movimento, fazendo atividades físicas. Eu sinto que, quando me exercito, meu cérebro fica até mais irrigado e a criatividade aflora!

Organize-se!

Você já deve ter percebido que sou bem organizada e adoro planejar tudo, né? Pois é, e eu sempre fui assim. Aos 16 anos, eu já anotava as minhas metas num diário: "deixar o cabelo crescer" e "comprar bastante roupa" estavam entre os meus planos para o ano de 2013, assim como "estar totalmente aprovada no terceiro bimestre" e "criar um blog para vender produtos que me retornem pelo menos R$ 300 ao mês".

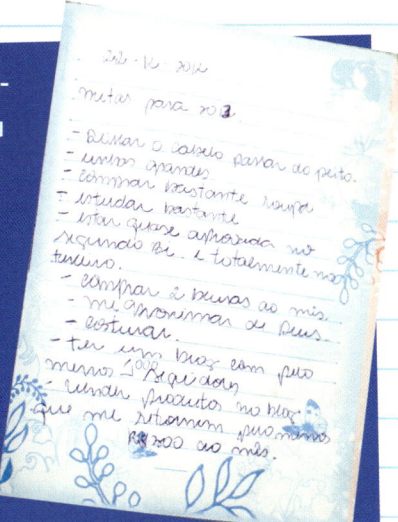

E foi desse jeito simples, com apenas caderno e caneta nas mãos, que eu criei um planejamento para o canal da Ju, em 2015. Ali, eu anotava a situação do canal no momento, em número de inscritos, visualizações e rendimento, e determinava objetivos de curto prazo, nada muito mirabolante. Eu não tinha planilhas, aplicativos, nada disso, mas criei um planejamento objetivo e com metas bem definidas, o que permitiu que eu acompanhasse de perto o crescimento do canal, sem me perder.

No dia 7 de maio de 2015, por exemplo, a principal meta era chegar a 5 mil inscritos, o que conseguimos logo depois, no dia 10. E não paramos mais.

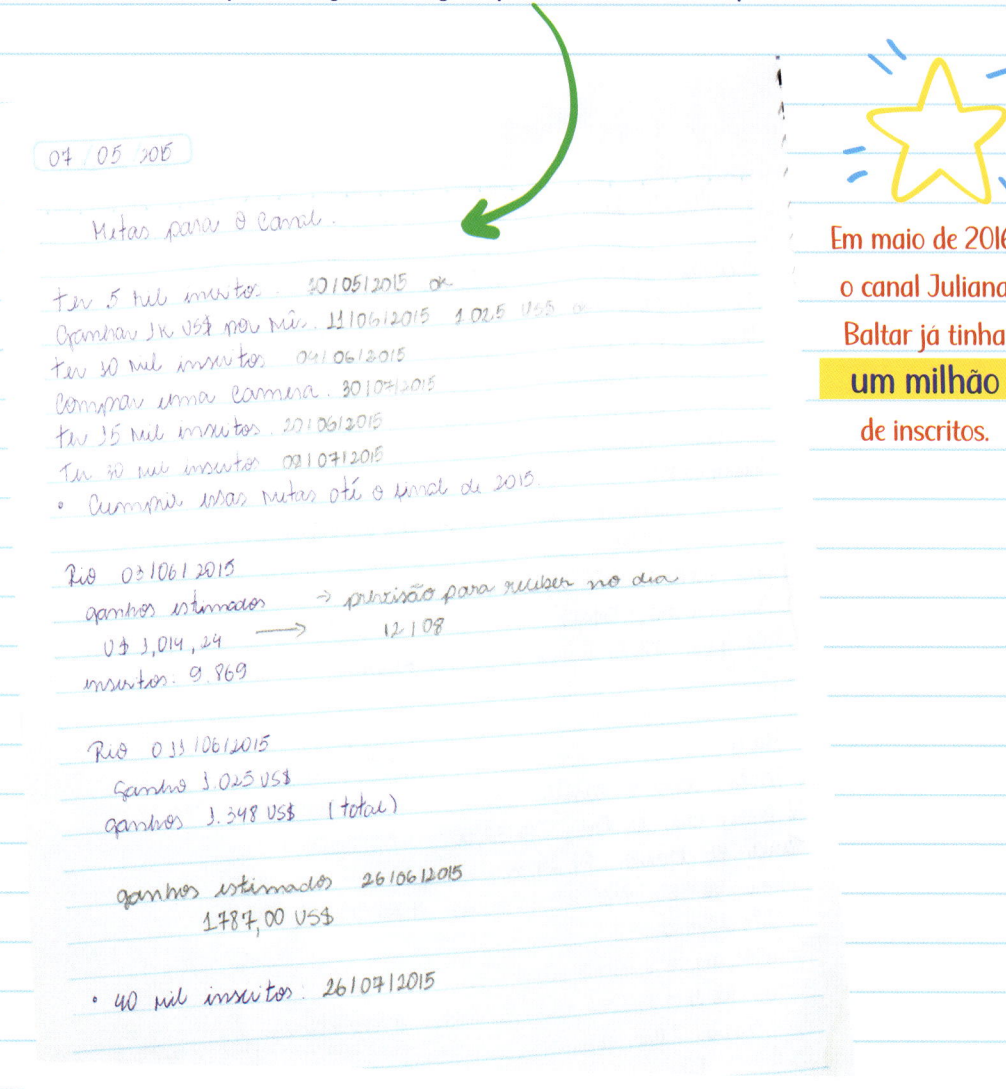

Em maio de 2016 o canal Juliana Baltar já tinha **um milhão** de inscritos.

É até engraçado rever esse caderno hoje e olhar para esses números – é como se eu me transportasse de novo para aquela casa simples no subúrbio do Rio e me lembrasse de todos os sonhos que eu tinha. Todos esses vídeos que aparecem nas anotações do meu caderno, com alguns poucos milhares de visualizações, hoje, já superaram a marca dos milhões. Já pensou se a gente tivesse desistido?

VEDA = *Video EveryDay in April*
É uma *trend* que acontece no mês de abril, em que os youtubers se desafiam a publicar vídeos todos os dias do mês. Mas essa meta eu nunca consegui cumprir, porque postar todos os dias era quase impossível sem uma equipe.

    Tenho certeza de que a organização me ajudou muito a enxergar com clareza o lugar em que eu estava e aquele ao qual eu gostaria de chegar, o que foi importante para que eu mantivesse o foco por todos esses anos. Até hoje, carrego comigo um caderninho no qual anoto todos os meus planos e sonhos, além de registrar tudo o que realizo, seja na vida pessoal ou no trabalho.

    Aquele primeiro caderno, de 2015, vai ficar guardado para sempre, porque, além de carregar uma parte muito importante da minha história, gosto de olhar para sua capa de vez em quando e me lembrar da frase que me inspirou a chegar até aqui.

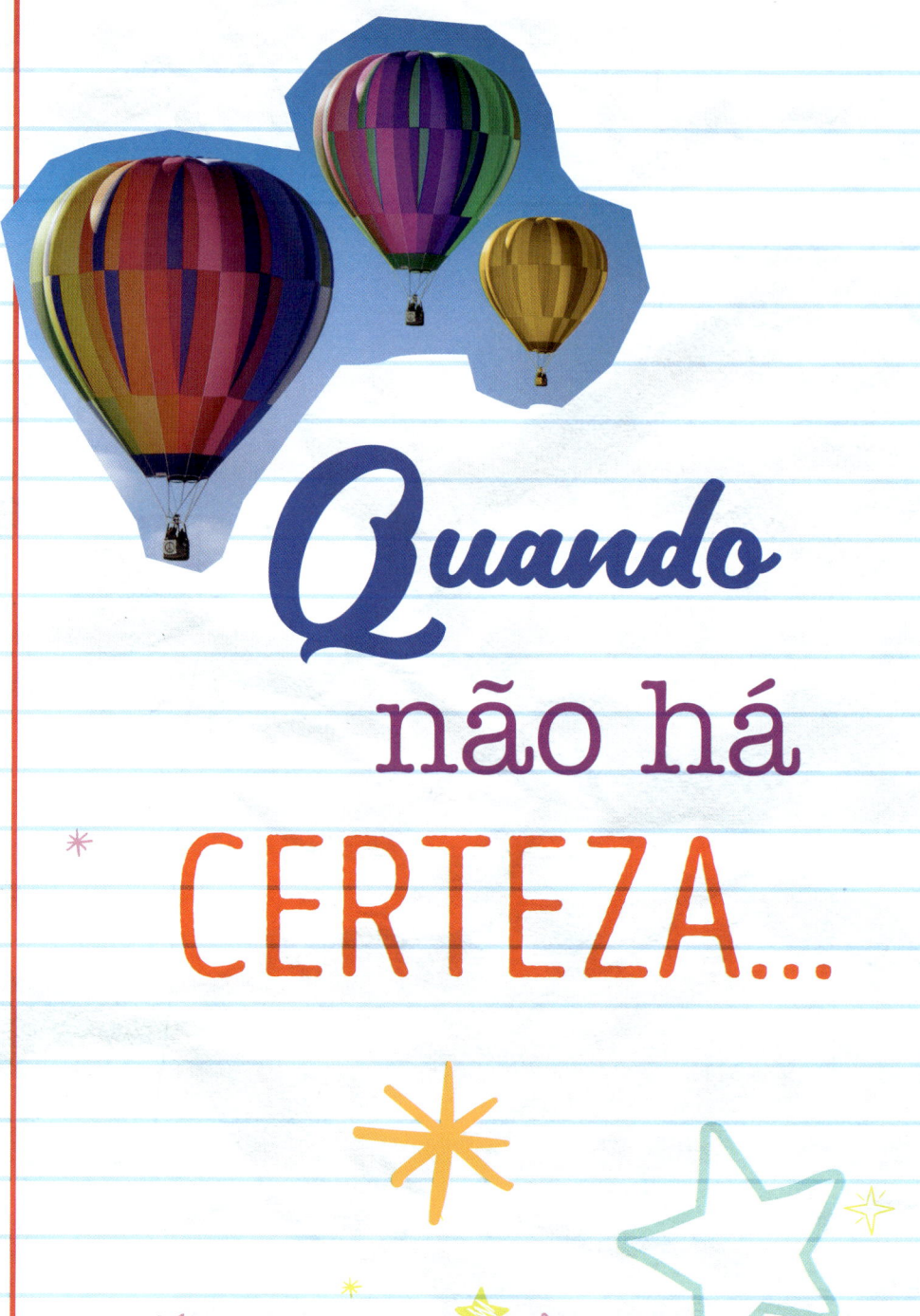

Quando não há CERTEZA...

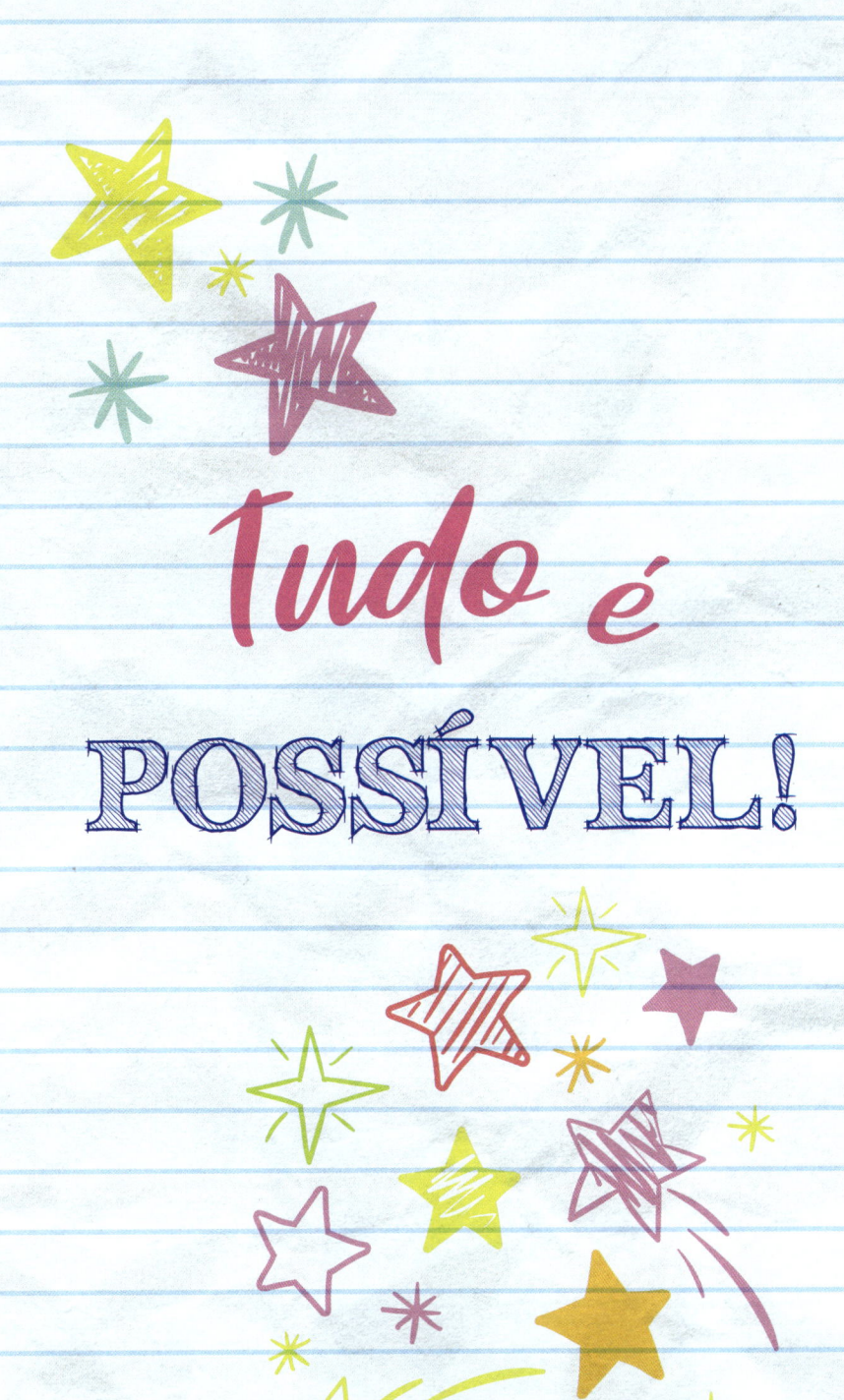

Capítulo 3

Quem vê close não vê corre

Capítulo 3
Quem vê *close* não vê *corre*

Se você me acompanha e assiste aos meus vídeos no YouTube, certamente já me viu fazer muitas *trollagens* e desafios, curtir várias viagens, testar brinquedos, jogos e conhecer lugares incríveis. Provavelmente, você acha que a minha vida é pura diversão e lazer, né? Mas vou te contar um segredo: por trás de cada gargalhada que você vê nos meus vídeos, tem muito perrengue!

É compreensível que muita gente acredite que a vida de um influenciador digital seja feita apenas de *glamour*, "mimos" e curtição. Afinal, é isso o que a gente mostra aos nossos inscritos diariamente. No canal Rafa & Luiz, por exemplo, os obstáculos, desafios e problemas que precisamos enfrentar para publicar os vídeos ficam de fora da edição, já que nosso objetivo é entreter e levar alegria e leveza às pessoas que nos assistem. Ou seja, todo mundo vê o *close*, mas quase ninguém sabe o "corre" que é manter em funcionamento um canal com mais de 16 milhões de inscritos e uma frequência de postagens altíssima.

Mas, se a Rafa do passado me visse falando sobre as dificuldades de hoje, ela daria risada e me chamaria de fresca! Quando decidi trabalhar com o Youtube, lá em 2014, enfrentei problemas muito maiores do que os que tenho atualmente. Para começar a "lista" de obstáculos, Ju, Luiz e eu não tínhamos sequer um local adequado para gravar vídeos. Como você já sabe, a gente gravava em casa mesmo, improvisando cenários com cartolina e tecido barato, procurando cantos diferentes no imóvel para variar o enquadramento dos vídeos.

Trabalhar em casa – ou melhor, na casa dos meus pais! – me trouxe muitos desafios no início da carreira. Foi muito difícil, por exemplo, fazer minha família compreender que aquilo era um trabalho e que eu precisava

de silêncio não só para gravar os vídeos, mas também para me concentrar na edição, no planejamento e em todas as outras tarefas do canal.

 Meus pais encaravam o YouTube como uma brincadeira: para eles, eu não estava trabalhando "de verdade". Precisei conversar várias vezes com eles para explicar que, apesar de estar em casa o tempo todo, eu não estava à toa. Perdi as contas de quantas vezes precisei interromper meu trabalho, no meio de uma tarefa importante, porque minha mãe chegou do supermercado e me pediu ajuda para guardar as compras. ou minha irmã, que ainda era criança, entrou no meu quarto querendo bater papo. Sempre aparecia um pedido "rapidinho" – mas esse "rapidinho", repetido várias vezes ao dia, me atrapalhava muito. Assim não há concentração que resista, né?

 Hoje em dia muita gente conhece essas dificuldades, já que, depois da pandemia, o *home office* e as aulas on-line se tornaram uma realidade muito comum. Quem nunca sofreu com um interfone tocando bem na hora de uma chamada de vídeo, com a novela a que sua avó assiste no volume máximo, atrapalhando sua concentração, ou com alguém da família pedindo ajuda e querendo atenção justo quando você está mais atarefado? Pois é! Bem-vindos à realidade que eu vivo desde 2014!

 Além de todas essas questões, eu ainda precisava driblar as restrições de horário da minha casa. Meu pai trabalhava de madrugada: saía à noite e só chegava por volta das 5h. Por isso, até as 14h era **proibido** fazer qualquer barulho que pudesse atrapalhar seu sono.

 Durante muitos anos, eu, Ju e Luiz gravamos e publicamos nossos vídeos nesse esquema: totalmente improvisado e cheio de limitações. Em 2017, depois de juntar uma boa quantia com os canais Juliana Baltar e Rafa & Luiz, procurei uma solução para esse problema e pedi autorização ao meu pai para construir um estúdio no terraço da nossa casa. Para minha surpresa, ele topou na hora e ficou feliz por me ver investindo no imóvel da família.

Juntei uma grana e fiz uma baita reforma no terraço: *construímos uma cozinha* para gravar vídeos de receitas, um quarto e *uma sala* para servirem de cenário para as nossas novelinhas e um estúdio para outras gravações. A situação melhorou muito, mas eu ainda não estava totalmente satisfeita. Além dos obstáculos que tínhamos para realizar as filmagens, ainda estávamos sob as regras dos meus pais, que determinavam um horário limite para que o Luiz fosse embora todos os dias, entre outras "chatices de pais".

As coisas só melhoraram de verdade depois que eu e Luiz nos mudamos para a mansão, como vou contar melhor nos próximos capítulos. É claro que, até hoje, ainda convivemos com as questões que todo mundo que trabalha em casa enfrenta, mas, agora, temos muito mais liberdade, flexibilidade e autonomia. Afinal de contas, finalmente, estamos na nossa casa!

Mas, para chegar até aqui, neste lugar em que hoje temos o conforto, a privacidade e a liberdade com que sempre sonhamos, eu e Luiz passamos por muitas provações e percalços. Apesar disso, nunca pensamos em desistir. Nossa força sempre veio dos comentários que recebemos de pessoas que se sentem bem assistindo aos nossos vídeos e, principalmente, dos nossos sonhos.

E não pense que, porque hoje temos uma casa confortável e uma equipe que nos ajuda nas gravações, os perrengues acabaram! Nada disso: a vida de youtuber é sempre uma aventura e não faltam histórias emocionantes no nosso dia a dia. Uma vez, alugamos uma casa para gravar um vídeo da websérie "A Espiã". O plano era chegar até lá de barco e gravar o vídeo com a ajuda dos pais do Luiz, que iriam embora logo em seguida, enquanto nós dois passaríamos a noite na casa.

Pouco tempo depois da nossa chegada, os donos da casa, um grupo de argentinos muito mal-humorados, bateu à porta e exigiu que os pais do Luiz fossem embora, já que havíamos alugado o imóvel apenas para um casal. Tentamos explicar que só nós dois dormiríamos lá, mas não teve jeito: os argentinos estavam irritados com o barulho que fizemos e ainda disseram que a casa tinha esculturas caríssimas que não podiam aparecer nos vídeos!

Sem conseguir negociar com os "hermanos" nada simpáticos, desistimos da gravação e nos despedimos dos pais do Luiz, que saíram. Para o nosso espanto, minutos depois da saída deles, enquanto ainda desmontávamos o equipamento de gravação, os donos da casa retornaram, muito exaltados, dessa vez exigindo a nossa saída. E nós dois lá, sozinhos, vulneráveis, morrendo de medo. Tivemos que arranjar outro barco e pedir que os pais do Luiz voltassem para nos buscar. Deu tudo certo, mas, olha, que sufoco, hein!

Outro perrengue muito comum é o da autorização para filmar em alguns lugares. Seja num parque, shopping ou até mesmo aqui no condomínio onde eu moro, toda hora chega um segurança pedindo que a gente desligue a câmera. O curioso é que as filmagens com telefone celular são permitidas, mas basta aparecer uma câmera profissional e já chega alguém criando problema. Por causa disso, passamos a contratar seguranças para nos acompanhar nas gravações externas, evitando assim que as pessoas nos abordem de um jeito agressivo, como já aconteceu. Muitas vezes, até que a pessoa converse com o nosso segurança e chegue até nós, o vídeo já foi gravado!

Também temos a preocupação frequente de não mostrar a imagem de ninguém que não tenha autorizado a participação no vídeo. Falando assim, parece muito simples, mas, às vezes, gravamos em lugares movimentados, onde passa muita gente ao mesmo tempo, e pode escapar um pedacinho da orelha de alguém que passou lá atrás, no fundo de uma cena, por exemplo. Já é o suficiente para trazer uma complicação, sabia? A pessoa que teve a orelha exibida pode reclamar, pedir que você tire o vídeo do ar ou até mesmo entrar com um processo contra o canal. Hoje, tomamos muito cuidado com essa questão: sempre que gravamos um vídeo, pedimos a todas as pessoas que estiverem no ambiente que assinem um termo de autorização de uso de imagem, mesmo que elas não estejam ali para aparecer na gravação.

Tudo isso faz parte do processo de amadurecimento e profissionalização do canal. Com o tempo, contratamos seguranças, assessoria, orientação jurídica, entre outros serviços que, indiretamente, contribuíram muito para o nosso crescimento. Mas algumas questões e imprevistos continuam acontecendo, por mais investimentos que a gente faça, porque são parte da natureza do nosso trabalho.

É muito comum, por exemplo, precisar interromper uma gravação externa por problemas com o barulho do ambiente: o helicóptero que passa, o cachorro que late, a criança que grita no parquinho ao lado... Isso sem falar no calorão que a gente enfrenta quando grava na rua ou em lugares abafados como o sótão de uma casa! O jeito é fazer pausas bem rapidinhas, secar o suor com um lencinho e voltar a gravar, porque as nossas diárias de gravação são sempre muito apertadas, para encaixar o máximo de cenas num mesmo dia e, assim, economizar. Não dá nem tempo de reclamar do calor, da chuva, de fome ou dor de cabeça!

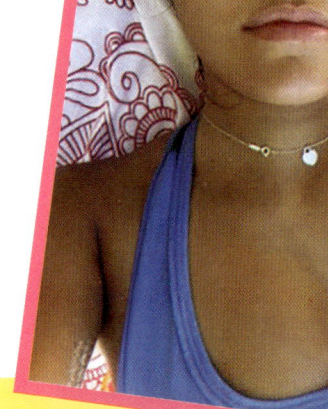

   Aliás, muita gente me pergunta o que eu faço quando fico doente. Pois é, gente, youtuber também fica doente! Às vezes, quando eu tenho uma questão de saúde que não é grave, mas pode gerar algum entretenimento, até uso isso como conteúdo nos meus vídeos. Mas, em geral, quando adoeço ou tenho algum problema, tento melhorar o mais rápido possível para voltar a gravar – na maioria das vezes, volto a trabalhar antes de me recuperar completamente.

O trabalho de um youtuber não é como o de um funcionário de uma empresa comum, que tem carteira assinada e direitos trabalhistas garantidos, como férias, licença médica, entre outras coisas. Se eu deixar de publicar novos vídeos no meu canal, seja por estar doente ou por qualquer outro problema, o dinheiro simplesmente não entra. Eu poderia até me manter por um tempo, com a renda dos vídeos antigos, que fazem parte do acervo do canal, mas meu rendimento despencaria.

Por isso, já precisei superar os meus próprios limites diversas vezes. Acho que a principal delas foi quando eu quebrei um dedo no meio de uma gravação! Não sei se você já passou por isso, mas, quando vi o meu dedo praticamente partido em dois, senti a maior aflição da minha vida. Naquele dia, interrompemos a gravação, chocados com o que tinha acontecido, e procuramos um hospital.

O médico que me atendeu disse que, por pouco, não tive uma fratura exposta e me recomendou um período de repouso. Porém, eu já tinha marcado a gravação de uma websérie para alguns dias depois, com equipe contratada, tudo produzido e uma logística enorme para filmar numa praia. Se eu resolvesse cancelar a gravação, perderia todo o investimento que tinha feito. Por isso, lá fui eu para a praia, de biquíni, com a mão enfaixada! Para não mostrar o machucado, eu segurava uma canga ou escondia a mão no bolso e "simbora".

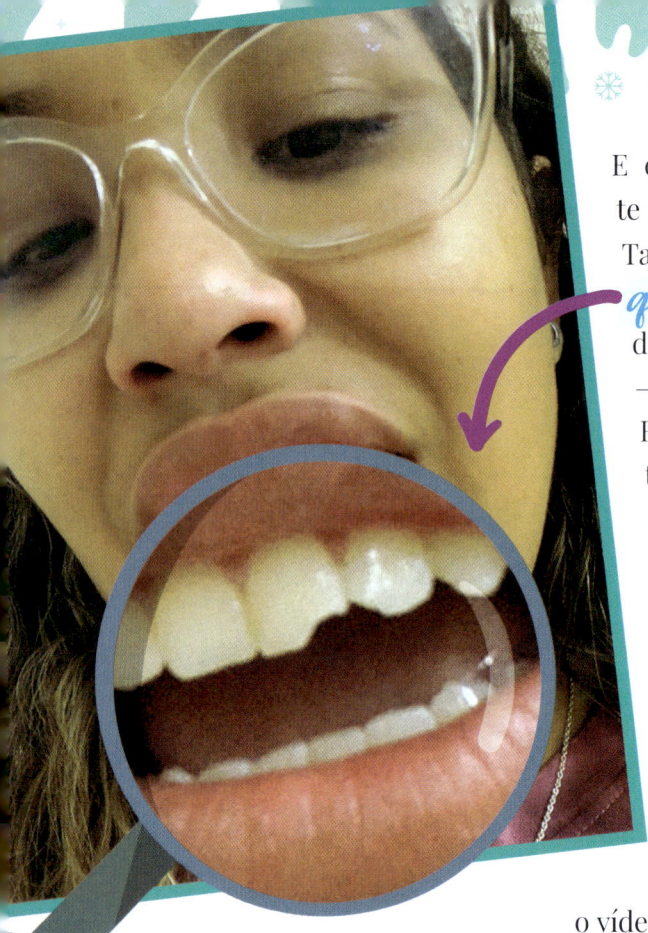

E esse não foi o único acidente de trabalho da minha vida. Também teve o dia em que eu *quebrei um dente* – um dos da frente, para piorar a situação! – enquanto gravava um vídeo. Fizemos uma pausa para entender o que tinha acontecido e, quando eu me vi no espelho, banguela, desabei a chorar. Mas a gente precisava finalizar o vídeo assim mesmo, porque o acidente aconteceu bem no finalzinho da gravação, na hora do desfecho.

Lavei o rosto, liguei novamente a câmera e terminei o vídeo ao lado do Luiz – na verdade, quem terminou foi ele, porque eu fiquei de boca fechada o tempo todo, morrendo de medo que alguém visse a minha "janelinha". O problema é que, no dia seguinte, eu precisava estar na Bahia para um encontro com fãs! Já eram mais de 23h quando corremos para o consultório de um dentista, de emergência, para colar o dente que havia quebrado. Parece inacreditável, mas deu tudo certo: no dia seguinte eu estava lá, em Salvador, sorrindo para todos com o meu dente colado. Isso sem falar nas dores de cabeça, de barriga, de garganta e em todos os incômodos que a gente "esquece" para dar conta dos compromissos.

Apesar de tudo, eu não diria que esses são os maiores desafios da carreira de um youtuber ou influenciador digital. Afinal, imprevistos sempre podem acontecer, em qualquer profissão, e é importante estar preparado para eles. Na maioria das vezes, a solução de um perrengue vai depender de você, da sua força de vontade e do seu jogo de cintura para driblar os problemas. Mas essa carreira nos exige um outro tipo de habilidade muito importante: a capacidade de diferenciar os bons parceiros daqueles que são, digamos, aproveitadores.

Um youtuber em início de carreira pode ser uma "presa fácil" para empresários que oferecem propostas indecentes, exigindo uma participação enorme no faturamento do canal em troca de alguns serviços. Já fui procurada, por exemplo, por algumas *networks*, empresas que auxiliam na produção, no planejamento, na área jurídica dos canais, além de controlar seus lucros. Para mim, é aí que mora o problema. Ao assinar um contrato com uma *network*, o youtuber deixa de receber o dinheiro da monetização de seus vídeos, que vai diretamente para a empresa. Só uma parte do lucro é repassada ao criador do conteúdo e o restante fica com a *network*.

Além disso, essas empresas geralmente interferem na frequência de postagens e, até mesmo, no tipo de conteúdo, o que, para mim, significaria perder uma das maiores vantagens de trabalhar como influenciadora digital: a autonomia que tenho para decidir sobre o que quero falar, o que quero mostrar, quem quero ser. Mas já me fizeram muitas propostas "tentadoras" para embarcar em acordos como esses: até viagem para o Canadá me ofereceram! Eu sempre disse não, porque não abro mão da minha liberdade e não gostaria de ceder a maior parte dos meus rendimentos em troca de um serviço que consigo realizar sozinha ou com a ajuda do Luiz.

Além das *networks*, é preciso ter cuidado com empresários que se aproximam com o objetivo de agenciar e representar youtubers e influenciadores diante de marcas e contratantes. A maioria das marcas prefere contratar influenciadores por meio de agências e empresários, em vez de lidar diretamente com os criadores de conteúdo, que muitas vezes não têm tempo ou mesmo a organização necessária para administrar seus compromissos, agenda e outras tarefas. Até hoje, todos os empresários que nos procuraram exigiam, no mínimo, 40% de participação nos lucros de qualquer publicidade que fizéssemos.

Depois de assinado o contrato, é o empresário quem escolhe que tipo de trabalho podemos ou não aceitar, o que, mais uma vez, acabaria com a nossa autonomia. Já me apareceu cada contrato absurdo que, se eu contar, talvez você nem acredite. Mas vou contar mesmo assim: alguns contratos direcionavam até mesmo a quantidade de *posts* que eu deveria fazer e quantas pessoas eu poderia marcar numa foto!

O que mais me incomoda nesse tipo de abordagem de alguns empresários é a inversão de papéis. Imagine que você é um youtuber que construiu um canal a partir do zero, com muito esforço, e consegue conquistar uma quantidade bacana de inscritos. Aí aparece um empresário oferecendo "cuidar" do seu canal e das suas redes sociais, em troca de uma parte (geralmente uma parte bem grande!) do seu faturamento. Em pouco tempo, esse empresário já determina o que você deve postar, cobra que você publique vídeos nos dias que ele quer e exige que você compareça aos trabalhos que ele marcou. Parabéns, você acaba de ganhar um chefe – com a diferença de que você é quem paga! Não dá, né?

É claro que muita gente, principalmente no início da carreira, acaba aceitando as condições das *networks* ou dos empresários, por falta de experiência ou mesmo por entender que, sem essa ajuda, seu canal pode não avançar. Respeito quem faz essa opção, mas recomendo que, antes de assinar qualquer contrato, você leia atentamente todas as cláusulas, reflita se está mesmo de acordo com as condições e pense nas vantagens e desvantagens que a proposta te oferece. Não corra para assinar o primeiro contrato que te oferecerem: tenha calma, analise tudo com cuidado, peça a ajuda da sua família ou de alguém da sua confiança e só feche qualquer acordo se você se sentir confortável.

Hoje em dia, eu e Luiz temos uma assessora, contratada por nós, que cuida da nossa agenda de compromissos. Todos os convites chegam através dela, mas nós analisamos cada um e decidimos o que aceitar ou não. Essa foi a maneira que encontramos de manter a nossa liberdade, sem deixar de lado a ajuda profissional, que é tão importante para a gestão de um canal.

Aliás, isso é uma coisa que você deve saber: prepare-se para virar um gestor! "Ai, Rafa, o que é isso? Eu só quero me divertir publicando uns vídeos no YouTube e ganhar uma grana!" Então volte duas casas! Manter um canal significa administrar uma série de coisas e até mesmo ser gestor de pessoas – afinal, à medida que seu canal for crescendo, você vai precisar de gente que te ajude a gravar de forma profissional, como maquiadores, técnicos de som, videomakers, produtores, enfim, o que você puder contratar.

Com isso, muitas vezes me vi administrando os problemas dos outros, acolhendo pessoas que não estavam em seus melhores dias, lidando com os diversos imprevistos que podem acontecer na vida de qualquer um... Ter uma equipe é isso! Todas as pessoas que nos ajudam nas gravações são muito importantes, porque, graças a elas, conseguimos entregar ao público um conteúdo de boa qualidade, feito com carinho. Mas, quando a gravação termina, a equipe encerra seu expediente e cada um vai para sua casa, enquanto eu e Luiz seguimos trabalhando: desmontar cenário e iluminação, arrumar a bagunça da casa depois das filmagens, organizar os arquivos dos vídeos gravados, planejar as datas de publicação, tudo isso é feito por nós.

Se você quer ser um influenciador digital, precisa saber que, nessa profissão, o trabalho não acaba nunca. Estou sempre pensando em ideias para os próximos vídeos, respondendo comentários de fãs nas redes sociais, publicando fotos, editando conteúdo... Até mesmo quando eu paro para relaxar e assistir a um filme, sinto que, no fundo, continuo trabalhando, porque presto atenção aos detalhes da imagem, aos enquadramentos, ao roteiro, sempre em busca de inspiração para novos vídeos.

Por isso, antes de decidir seguir nessa carreira, tenha certeza de que é disso que você gosta. Se você não amar muito esse trabalho, dificilmente vai conseguir se manter nele por muito tempo. Tenho certeza de que é essa paixão que me motiva para seguir em frente, com todos os percalços. Eu me sinto tão feliz quando estou gravando, tendo ideias e criando conteúdo, que, de vez em quando, passo horas trabalhando e, ao fim do dia, sinto que não fiz nada. Quando o trabalho é prazeroso, às vezes, a gente nem sente o tempo passar.

O trabalho me fez amadurecer muito e me ensinou até mesmo a lidar com os meus problemas pessoais com mais calma. Frequentemente, preciso deixar de lado alguma questão da minha vida, alguma tristeza ou incômodo, respirar fundo e dar conta das tarefas do canal. É difícil, mas me sinto muito bem quando percebo que não deixei os meus problemas me paralisarem e consegui seguir em frente.

Quantas vezes eu e Luiz estávamos "estremecidos" depois de uma discussão e, mesmo assim, precisávamos gravar juntos ou cumprir algum compromisso? Vou falar melhor sobre isso nos próximos capítulos, mas já adianto que não é nada fácil trabalhar com quem se ama e amar seu sócio e colega de trabalho, viu?

Quando as pessoas me veem posando com as placas comemorativas de milhões de inscritos, viajando pelo mundo ou me divertindo nos vídeos do canal, tenho certeza de que nem todas lembram – a maioria nem sabe! – de tudo o que passei para chegar até aqui. Até hoje, sigo "ralando" dia e noite, ao lado do Luiz, para manter no ar o nosso canal, apesar dos imprevistos, desafios e dificuldades. Não foi fácil chegar até aqui, não é fácil continuar aqui e não será fácil chegar ainda mais longe. Mas eu quero – e vou!

As histórias que contei representam apenas um pedacinho dessa longa jornada e das pedras que apareceram pelo caminho. Se eu contasse todos os perrengues pelos quais já passei ao longo desses anos, este livro teria o dobro de páginas – e talvez você terminasse a leitura até um pouco assustado com tantas "tretas"! Não, eu não quero te assustar ou desanimar, mas também não posso romantizar as dificuldades da carreira de um youtuber. Meu objetivo aqui é que você conheça alguns dos percalços que podem surgir nesta trajetória, esteja preparado para enfrentar os desafios que vierem e não desista diante do primeiro obstáculo.

Se você espera uma vida de pura diversão e retorno financeiro imediato, saiba que não é isso o que te espera como influenciador digital, principalmente no começo. Eu, por exemplo, demorei um ano inteiro para ganhar pouco mais de R$ 500, como já contei! É claro que reconheço que falo de um lugar privilegiado, já que pude contar com a minha família. Apesar de os meus pais não terem entendido e reconhecido o YouTube como o meu trabalho desde sempre, pude esperar até que o dinheiro entrasse "de verdade" graças ao suporte que eles me davam. A maioria das pessoas precisa de um trabalho que traga uma renda imediata, para garantir o pagamento das contas, seu sustento.

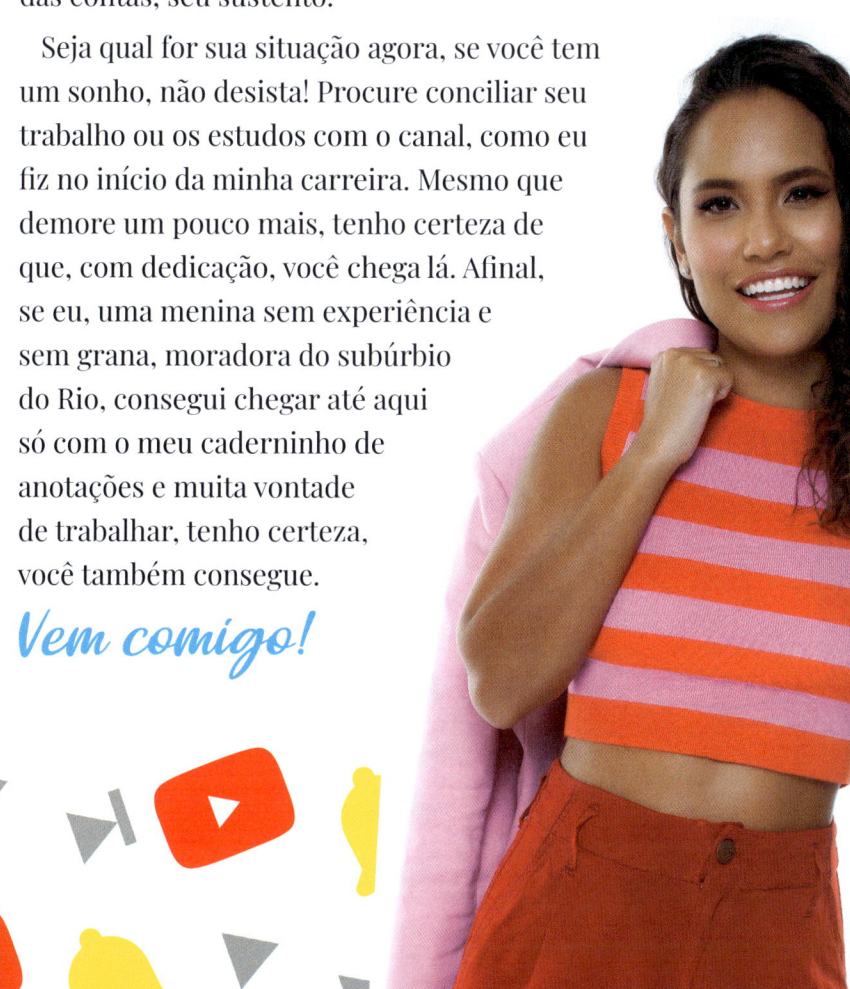

Seja qual for sua situação agora, se você tem um sonho, não desista! Procure conciliar seu trabalho ou os estudos com o canal, como eu fiz no início da minha carreira. Mesmo que demore um pouco mais, tenho certeza de que, com dedicação, você chega lá. Afinal, se eu, uma menina sem experiência e sem grana, moradora do subúrbio do Rio, consegui chegar até aqui só com o meu caderninho de anotações e muita vontade de trabalhar, tenho certeza, você também consegue.

Vem comigo!

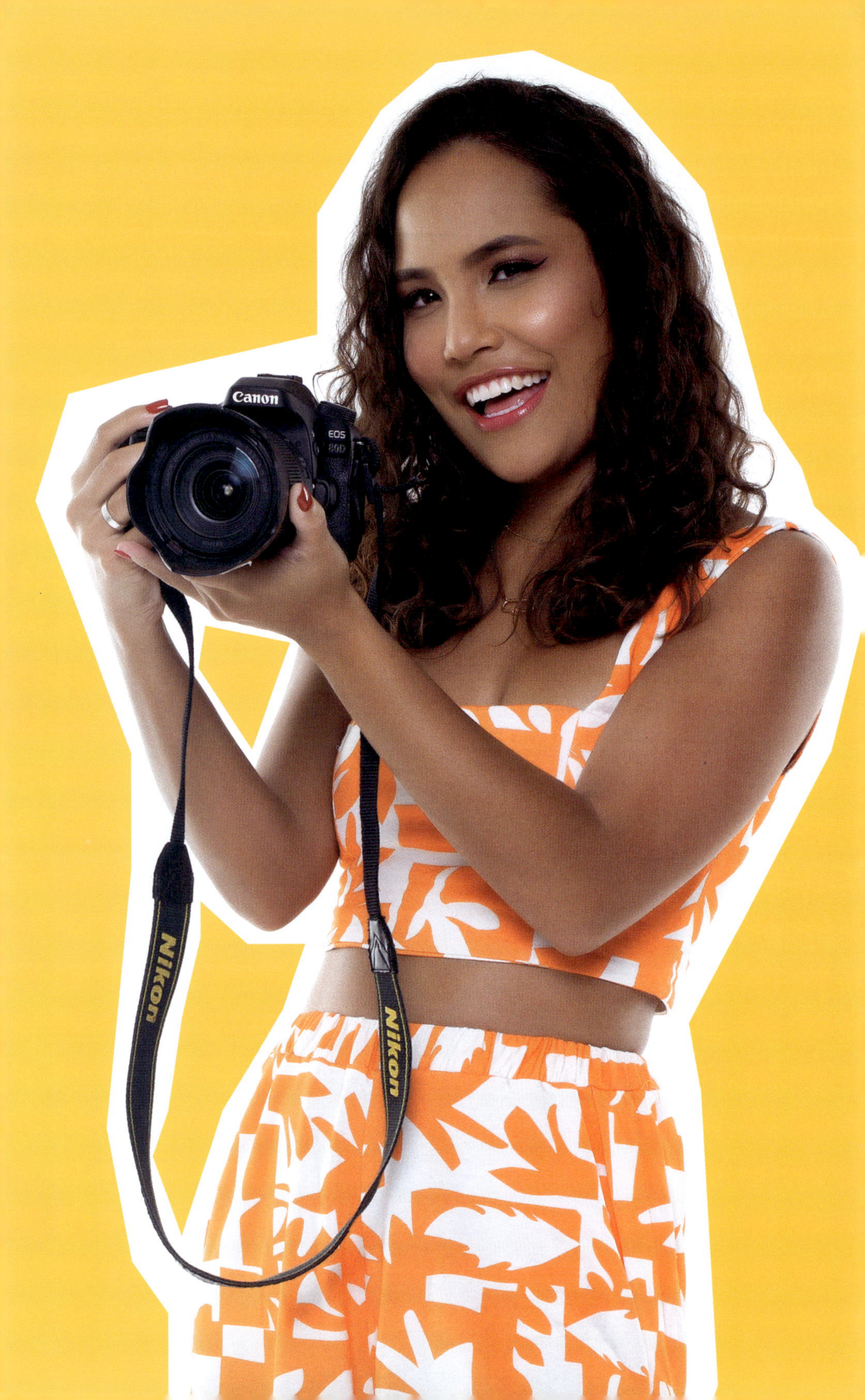
Canon
EOS
80D
Nikon
Nikon

Capítulo 4
Mães (e pais) à obra!

Capítulo 4

Mães (e pais) à obra!

Quando o filho de um artista consagrado – seja da música, das artes cênicas, de qualquer área – decide seguir a mesma carreira da mãe ou do pai, é inevitável que as pessoas comparem o talento de um e de outro. Também são muito comuns comentários do tipo: "Se esse menino não fosse filho de fulano, não estaria aí, fazendo sucesso!". A gente vê muito disso por aí, né?

De vez em quando, me pego pensando no futuro e imaginando que, um dia, os youtubers de sucesso de hoje serão pais de crianças, adolescentes e jovens que também podem se aventurar como influenciadores digitais e, quem sabe, passar por esse mesmo tipo de comparação. Já pensou? "Olha aí a filha da Juliana Baltar! Não tem talento nenhum, só está bombando na internet porque a mãe e a tia são youtubers famosas!", dirão os *haters*.

É claro que eu estou brincando (viu, Ju? Não precisa brigar comigo!), mas realmente acredito que ter alguém na família que conhece o "caminho das pedras" pode ajudar muita gente no início da carreira, em qualquer que seja a área. Então, quem sabe, vem aí, no futuro, uma nova geração de youtubers, com sobrenomes já conhecidos da galera da internet? Confesso que eu iria amar ver os filhos dos influenciadores que acompanho estrearem seus próprios canais!

Enquanto isso não acontece e os filhos de pais experientes não "invadem" a internet, recebo muitos e-mails de pessoas "comuns", que não têm experiência nenhuma com o YouTube, mas gostariam de ajudar seus filhos a começar um canal. Muitos deles acreditam que não são capazes de contribuir com os canais de seus filhos porque têm vergonha de aparecer diante das câmeras, e esse é o primeiro mito que deve ser deixado de lado!

Os pais que desejam ajudar seus filhos a crescer no YouTube podem auxiliar de diversas formas, sem precisar aparecer nos vídeos. Disponibilizar algumas horas do dia para acompanhar a gravação de um conteúdo, dar ideias para a produção, ajudar a decorar a casa para transformá-la em cenário, editar e publicar os vídeos, fazer as *thumbnails*, responder comentários, até mesmo segurar um telefone celular para garantir que ele não vá cair durante uma gravação... Tudo isso é muito bem-vindo e vai ajudar demais!

Mas não são apenas as crianças e adolescentes que precisam de ajuda e orientação, viu? Até hoje, aos 24 anos, gosto de ter o Luiz sempre ao meu lado enquanto gravo, observando se estou falando bem, se repeti muitas palavras ou consegui deixar clara a mensagem que queria passar, dando conselhos e toques. Essa troca também pode ser muito legal para a relação de pais e filhos, uma maneira de se divertirem juntos, além de ser um momento em que os pais podem ensinar sobre vários assuntos e estimular a criatividade, o desenvolvimento do vocabulário e a espontaneidade da criança, por exemplo. Se os pais gostarem de aparecer nos vídeos, essa relação em família pode se tornar um conteúdo ainda mais divertido para quem o assiste!

Quando minha irmã decidiu criar seu próprio canal, aos 7 anos, foi a mim que ela pediu ajuda, já que meus pais entendiam muito pouco sobre isso. Eu já tinha 17 anos e sempre fui meio "irmãe" para a Ju, então assumi a missão de ajudá-la. Sem a minha orientação ou a de outro adulto, o canal da Ju não teria progredido, porque esse é um trabalho que exige dedicação, disciplina e maturidade, algo que uma criança de 7 anos simplesmente não tem, por mais esforçada que seja.

Manter um canal no YouTube demanda uma rotina e uma carga de trabalho que, se não forem respeitadas e levadas muito a sério, podem fazer o negócio desandar em pouquíssimo tempo. Um youtuber precisa planejar seu conteúdo, ter ideias criativas, gravar, editar e publicar vídeos na plataforma, pensar em títulos e descrições atrativas, em *thumbnails* impactantes, criar formas de divulgar o conteúdo, garantir uma frequência alta de publicações... Ufa! Eu nem listei todas as tarefas – confesso que fiquei cansada só de pensar nelas! –, mas você já deve ter percebido que, sozinha, uma criança não conseguiria dar conta de tudo isso, né?

Ao longo desses anos no YouTube, já vi muitas meninas e meninos começarem seus canais sozinhos e, com o tempo, ganharem a colaboração de seus pais, que perceberam o interesse dos filhos e se propuseram a ajudá-los. É nítida a diferença na qualidade do conteúdo e até mesmo na performance desses canais antes e depois da participação dos pais – seja na frente das câmeras ou apenas auxiliando os filhos nos bastidores.

Além disso, os pais devem ficar muito atentos ao conteúdo que a criança publica, para evitar, por exemplo, que ela exponha sua intimidade, revele

Olha eu e a Ju (pequenininha!) em uma das gravações para o canal!

detalhes sobre sua vida que possam transformá-la em alvo de pessoas maldosas ou mesmo publique fotos, vídeos e textos que não sejam adequados à sua faixa etária. Além de cuidar da segurança da criança, é importante lembrar que tudo o que publicamos na internet tem impacto sobre a vida de outras pessoas, principalmente quando temos milhões de seguidores e inscritos. Por isso, é preciso avaliar com cuidado cada conteúdo postado.

Quando publicamos conteúdo para o público infantil, esse cuidado deve ser redobrado! Até mesmo as coisas mais simples, como um vídeo com uma receita de bolo de laranja, exigem que a gente pare e pense: "Será que este vídeo oferece algum perigo ou pode ser uma influência ruim para as crianças que nos assistem?". Para fazer um bolo de laranja, por exemplo, é preciso cortar a fruta com uma faca – e só isso já pode ser problemático. Se uma criança assistir a esse vídeo sozinha e tentar fazer o mesmo em casa, ela pode se machucar feio! Por isso, é importante deixar avisos sobre segurança bem fáceis de entender, reforçando que as crianças não façam determinadas atividades sem a ajuda de adultos.

A família também pode ajudar num assunto importantíssimo: as mensagens transmitidas a partir dos vídeos do canal. Afinal, influenciamos muita gente com aquilo que falamos! E é nessa hora que a família entra, orientando a criança ou adolescente youtuber a não usar termos preconceituosos, não fazer piadas que possam ofender alguém, enfim, a dar exemplos que influenciem de maneira positiva o seu público.

O mais importante, na verdade, é que os pais estejam sempre atentos e presentes, orientando os filhos – não só no que diz respeito ao YouTube, mas em tudo na vida. A simples presença do pai, da mãe ou de um familiar acompanhando a criança durante as gravações já faz uma diferença enorme. Aliás, crianças nem devem acessar a internet sem a supervisão de adultos, por questões de segurança.

A web oferece possibilidades maravilhosas e é uma grande vitrine para o mundo inteiro, mas, infelizmente, também tem um lado perigoso, nocivo e tóxico. Muita gente aproveita o anonimato das redes para fazer comentários maldosos, destilar ódio e, até mesmo, cometer crimes contra crianças e adolescentes. Permitir que uma criança entre na internet, interaja com pessoas desconhecidas e se exponha publicando vídeos e fotos sem o controle de um adulto é como deixá-la sozinha no meio de uma rua movimentada, exposta a todos os tipos de perigo.

Às vezes, um simples comentário deixado por um *hater* pode desmotivar alguém que está começando, além de afetar profundamente sua autoestima. Se até mesmo os adultos que se expõem na internet têm dificuldade em lidar com o excesso de comentários e críticas que recebem, imagine como isso pode ser doloroso para uma criança?

Por isso, é fundamental que a família esteja sempre de olho nas mensagens e comentários recebidos no canal e nas redes sociais, para impedir que qualquer tipo de perigo, ameaça ou ofensa chegue à criança.

Quando uma criança decide ter um canal no YouTube, a família deve estar sempre por perto, avaliando se aquela atividade está sendo prazerosa, leve e divertida, como deve ser, e não uma obrigação ou algo que possa atrapalhar seus estudos e momentos de lazer. Criança tem que brincar, estudar, descansar, ter tempo livre para fazer o que quiser, na hora que quiser – afinal, mais tarde, na vida adulta, terão exigências demais, né?

Acontece que conduzir um canal no YouTube é um trabalho, como qualquer outro, e cabe aos pais dar apoio para que a criança não precise cuidar sozinha de todas as demandas, como administrar o financeiro, o jurídico, o planejamento e tantas outras tarefas "de gente grande" que fazem parte desse trabalho. Muitos pais e familiares, aliás, abraçam essa missão com tanta dedicação, que acabam abandonando seus empregos para concentrar todo seu tempo e energia nos canais dos filhos, principalmente quando percebem que a renda que vem da internet pode ser muito superior aos seus salários. Mas, na minha opinião, essa é uma escolha arriscada e um pouco delicada.

Quando os pais de uma criança deixam de lado seus empregos para se dedicar integralmente ao canal de seu filho no YouTube, a renda de toda a família passa a depender daquela criança, que ainda é muito jovem para carregar uma responsabilidade desse tamanho. O que fazer quando o filho estiver doente e for necessário gravar vídeos para manter a frequência de postagens do canal? E se, de um dia para o outro, aquela menina que adorava gravar vídeos começar a achar a rotina de gravações um pouco chata e quiser desistir do canal? Será que essa menina se sentiria à vontade para dizer isso aos pais, que abandonaram tudo para se dedicar a esse "projeto"?

É muito importante que a família esteja sempre ao lado da criança e perceba caso ela dê sinais de que está cansada, com dificuldades na escola, irritada, insatisfeita ou, simplesmente, não pareça tão mais "a fim" de ter um canal. Se isso acontecer, os pais devem deixar claro que a criança não precisa continuar nesta carreira de influenciadora e pode parar quando quiser, sem ter medo de decepcionar ninguém.

Muitas vezes, os pais projetam nos filhos os sonhos que não conseguiram realizar na juventude – como o sonho de ser famoso, por exemplo – mas isso pode ser muito ruim para uma criança, que deve ter liberdade para escolher o que realmente gosta de fazer. Portanto, se você é pai e um dia sonhou em ser famoso ou em viver do YouTube, crie seu próprio canal! Apareça, divulgue-se, mas não transfira esse peso para seu filho. Além disso, algumas crianças são tímidas, não gostam de aparecer em vídeos, tirar fotos ou mesmo de ser o centro das atenções em um lugar – e é preciso respeitar isso, sem forçar a barra.

Minha mãe sempre lidou bem com a exposição que a internet trouxe para a minha vida e a da minha irmã, e isso foi fundamental para que nenhuma de nós tenha se "deslumbrado" com a fama. O número de seguidores e inscritos que eu e a Ju temos não afetou em nada a minha relação com os meus familiares: ainda somos a Ju e a Rafa de sempre. Ainda bem! Acho que é por isso que nós duas sempre nos mantivemos com os pés no chão, sem esperar que as pessoas nos tratem de um jeito melhor apenas porque temos muitos seguidores na internet. Esse tipo de orientação vale ouro!

Meus pais nunca deixaram seus empregos de lado para trabalhar no meu canal ou no da Ju. Eles ajudavam **aparecendo nos vídeos**, às vezes segurando uma câmera em seus momentos de folga, mas não puderam contribuir em questões como planejamento, edição e publicação. Sem muito conhecimento sobre o universo da internet, eles me deram incentivo, suporte e me influenciaram de várias maneiras.

Participação especial: meu PAI!

Quando eu era pequena, meu pai me oferecia alguns "trocados" para que eu fizesse algumas tarefas em casa, como arrumar os quartos, varrer o chão, lavar a louça, *lavar o carro*, entre outras coisas. Eu ganhava cerca de R$ 2 por tarefa, mas não recusava nenhuma, no melhor estilo "topa tudo por dinheiro". É claro que o valor que eu recebia por esse "trabalho" era simbólico, apenas uma maneira que meu pai encontrou de me incentivar a colaborar nos afazeres da casa e, de quebra, me ensinar a administrar meu próprio dinheiro.

Eu não poderia imaginar que essa simples brincadeira criada pelo meu pai seria tão útil para o meu crescimento. Quando comecei a ganhar dinheiro com o YouTube, eu já sabia separar a quantia necessária para as despesas do canal e calcular o lucro que teria com cada vídeo, além de sempre ter me preocupado em economizar para o futuro. Como já te contei neste livro, meu pai sempre foi muito controlado com as finanças (até demais!) e, desde cedo, entendi que, se quisesse ter alguma coisa além do básico, precisaria correr atrás.

Tenho certeza de que o meu caminho teria sido totalmente diferente, não fosse a influência do meu pai. Graças ao jeito um pouco rígido e "mão-fechada" dele, aprendi a ter autonomia, a conquistar as coisas por conta própria e, principalmente, a dar valor ao dinheiro. Pude ver, na prática, que nada cai do céu: precisei trabalhar para comprar cada um dos equipamentos do meu canal, e hoje sei o valor de cada serviço que contrato, cada tecido usado nos cenários, cada lâmpada. Apesar disso, acho que encontrei um meio-termo entre o excesso de controle do meu pai e o impulso "gastadeiro" que eu poderia ter quando me vi diante dos primeiros ganhos com o YouTube.

Hoje, sou uma garota econômica, atenta ao planejamento financeiro, mas faço questão de desfrutar de tudo o que o trabalho pode me proporcionar: viagens, passeios, conforto... Não deixo de aproveitar a vida, mas as minhas origens me ensinaram a ter os pés no chão. Aliás, para quem trabalha com o YouTube, essa é uma lição valiosa, já que os rendimentos de um canal variam muito a cada mês, de acordo com o número de visualizações dos seus vídeos e outros fatores.

Como é impossível saber exatamente quanto dinheiro ganharemos por mês, precisamos poupar e organizar muito bem a vida financeira. Eu e Luiz planejamos a nossa vida anualmente: poupamos dinheiro o bastante para pagar todas as nossas despesas por um ano inteiro e, em seguida, começamos a trabalhar para garantir a renda do próximo ano. Além disso, também criamos uma reserva de emergência suficiente para cinco anos. Todo o resto é imprevisível – e hoje eu vejo como foi bom ter crescido ao lado de um pai que me ensinou a guardar dinheiro para o futuro!

Também foi por intermédio do meu pai que eu tive os meus primeiros contatos com as câmeras. Ele gostava muito de Fotografia e filmagem, embora não tivesse muita habilidade com isso, e comprava equipamentos de segunda mão para fotografar momentos da nossa família. Eu me lembro que, quando era bem criança, ele me pedia para dançar e brincar na frente das câmeras, além de filmar a nossa casa e registrar o nosso dia a dia, só por diversão.

Sinto que isso foi muito importante para que eu me tornasse uma menina desenvolta, falante e desinibida – qualidades que são essenciais para um youtuber. Mas, ainda que eu não quisesse seguir uma carreira como influenciadora digital, esses momentos de troca e diversão em família teriam um valor enorme para o meu desenvolvimento, porque me estimulavam a ser espontânea, criativa e, principalmente, livre.

Sou muito grata aos meus pais por todo o apoio que me deram, da forma que puderam, de acordo com suas limitações. Não, eles não deixaram seus empregos para administrar meu canal, não se tornaram meus assessores ou empresários, não filmam, editam ou publicam vídeos, mas, se não fosse por eles, eu jamais teria chegado até aqui. Se eu hoje sou uma mulher bem-sucedida aos 24 anos, isso se deve ao suporte, ao amor e ao incentivo que aquela menina de 17 anos sempre recebeu em casa, onde aprendeu a ser autoconfiante, independente e batalhadora. Hoje, eu me sinto pronta para conquistar o mundo e lutar por mim mesma, mas sem jamais me esquecer de onde vim – graças a eles.

Obrigada, família!

Amo vocês!

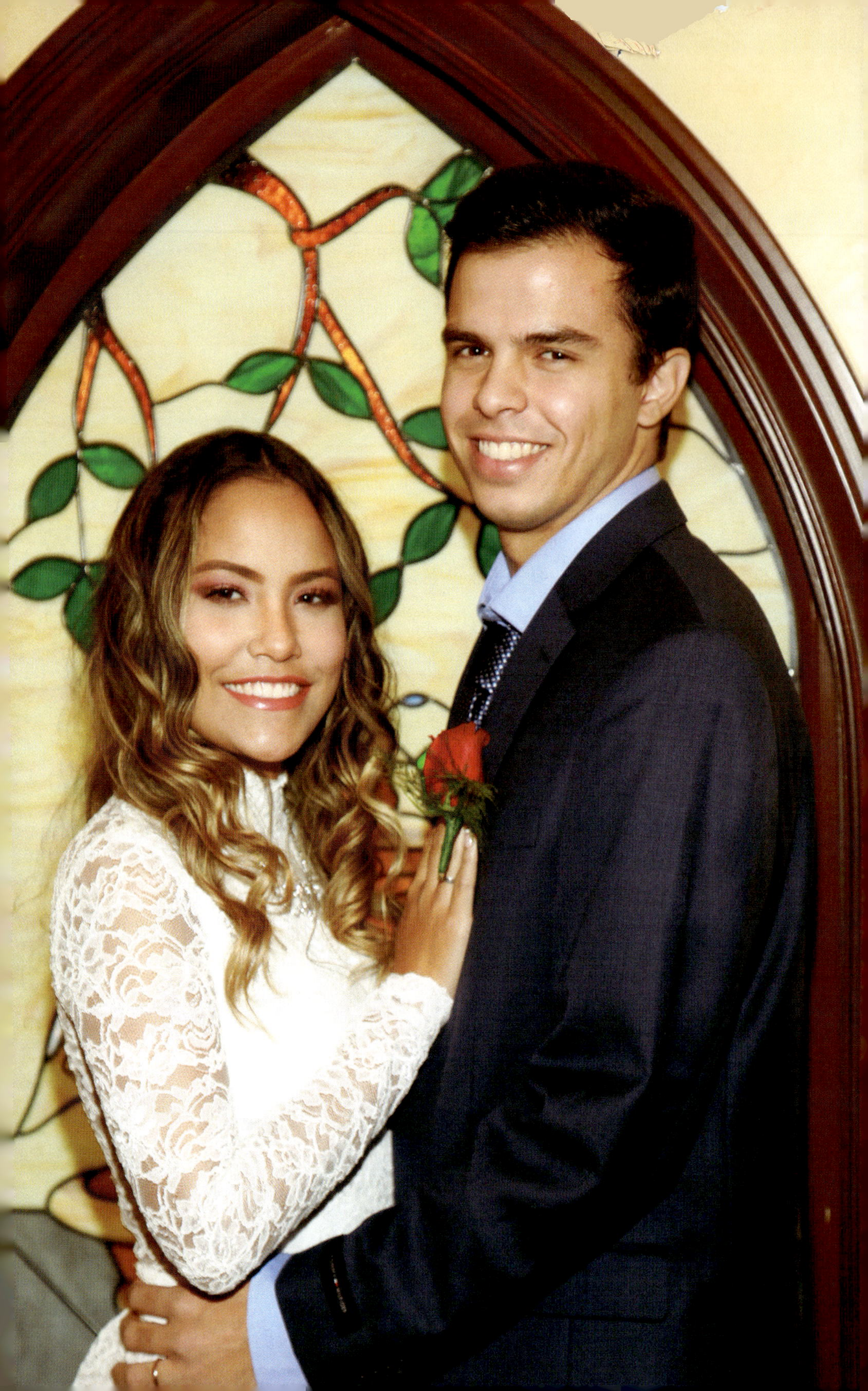

Capítulo 5

Rafa & Luiz

Capítulo 5
Rafa & Luiz

Quando comecei a escrever este livro, tentei listar tudo aquilo que, para mim, não poderia ficar de fora destas páginas: o início da minha carreira no YouTube, os desafios que enfrentei, os sonhos que aos poucos realizei... E aí eu me dei conta de que é impossível contar a minha história sem falar sobre o Luiz, meu namorado e sócio, que está ao meu lado desde o início dessa trajetória.

Não falo isso apenas pela nossa parceria profissional, que nos permitiu chegar muito longe no YouTube, como você já sabe. O Luiz esteve presente em todos os grandes momentos da minha vida, desde que nos conhecemos, e eu não consigo imaginar como teriam sido todos esses anos sem a companhia, o apoio e, claro, o amor dele. Aposto que você agora está pensando: "Ai, Rafa, que bonitinho, como você é apaixonada por ele!"

Sim, eu sou mesmo, mas posso te garantir que não estou deixando a paixão falar mais alto: tem muito do Luiz em cada uma das minhas conquistas, pessoais e profissionais.

No início, nossa relação era o típico namorico adolescente. Estudávamos na mesma turma no Ensino Médio, mas cada um tinha seu grupo de amigos e se sentava num lado diferente da sala de aula. Com o tempo, fui notando que o Luiz tinha um jeitinho especial, que me encantava, mas eu tinha namorado e achei melhor não dar muita bola para esse assunto. Não adiantou nada!

Naquela época, ele jogava futebol, era federado em um time grande aqui do Rio de Janeiro, e eu percebi que, toda vez que ele saía mais cedo da escola para treinar, eu morria de saudades. Aí caiu a ficha: "Acho que eu tô gostando desse menino!"

Decidida a dar uma chance àquele sentimento, terminei com meu antigo namorado e pedi uma ajudinha aos amigos do Luiz, que falaram com ele sobre as minhas "intenções". Bem adolescente mesmo! Como ele era tímido, eu tive que tomar uma atitude! Aos poucos, nos aproximamos, começamos a conversar, até que, finalmente, "ficamos". Eu tinha acabado de terminar um relacionamento e não queria saber de outro compromisso, mas, um dia, ele apareceu com um presentinho e me pediu em namoro. "Tudo bem, vamos tentar", eu respondi. E aqui estamos nós, tentando, até hoje, oito anos depois!

Minha relação com o Luiz sempre foi de muita parceria. Ele é daquele tipo prestativo, que gosta de ajudar em tudo o que pode, sabe? Quando começamos a namorar, eu já cuidava do canal da Ju e ele logo passou a me ajudar: dava ideias para vídeos, colaborava com o planejamento, organizava encontros com fãs e até interpretava personagens, quando era preciso. Tenho certeza de que o canal não teria crescido tanto sem a ajuda dele, que sempre me incentivou a ir além.

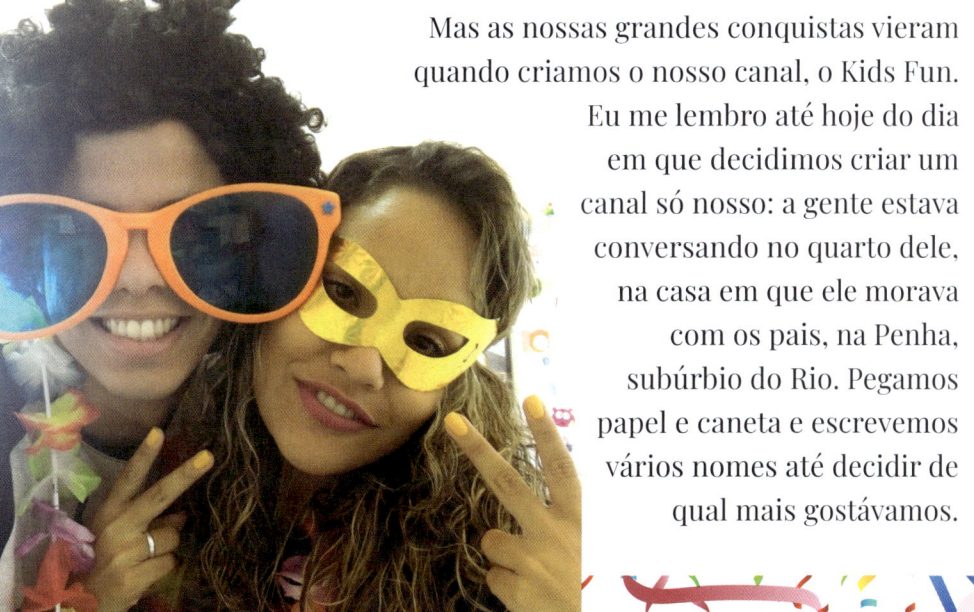

Mas as nossas grandes conquistas vieram quando criamos o nosso canal, o Kids Fun. Eu me lembro até hoje do dia em que decidimos criar um canal só nosso: a gente estava conversando no quarto dele, na casa em que ele morava com os pais, na Penha, subúrbio do Rio. Pegamos papel e caneta e escrevemos vários nomes até decidir de qual mais gostávamos.

Logo Kids Fun em 2016

Depois, eu fiz um "rabisco" e, assim que cheguei em casa, criei a logo oficial, no computador.

No início, o Kids Fun era um canal amador, apesar de já termos alguma experiência trabalhando no canal da Ju. Mas, aos poucos, as coisas começaram a dar certo, nosso conteúdo se destacou entre os demais e os números foram aumentando: inscritos, visualizações e, claro, monetização. Com o crescimento, surgiram os grandes desafios. Agora, o Luiz não era mais apenas o meu namorado, mas, também, meu colega de trabalho e sócio.

Trabalhar com quem se ama pode ser bem complicado. O casal precisa ter muita maturidade para não permitir que as desavenças e contratempos profissionais atrapalhem o relacionamento – e vice-versa. Mas, às vezes, é bem difícil separar as coisas. Por ter muita intimidade com o Luiz, acabo falando com ele no trabalho de um jeito mais objetivo e direto, sem tantos rodeios, diferentemente do que eu faço quando lido com fornecedores, parceiros ou qualquer pessoa menos conhecida. Essa intimidade nos deixa mais à vontade para falar o que pensamos um para o outro, mas é preciso saber dosar isso, porque o excesso de sinceridade também pode magoar.

Além disso, um casal que trabalha junto passa o tempo inteiro na companhia um do outro, mas não sente que está junto "de verdade". Afinal, na maior parte do nosso tempo juntos, eu e Luiz estamos trabalhando, seja gravando vídeos, cuidando do planejamento, participando de reuniões ou dedicados a qualquer uma das mil atribuições que um canal no YouTube demanda. Mas que horas a gente realmente se encontra como um casal, para ver um filme, sair para jantar, dar um passeio? Esse é um dos nossos maiores desafios! Por isso, fazemos questão de criar momentos só nossos, mesmo que apenas por um período do dia. Dificilmente conseguimos tirar um dia inteiro apenas para curtir, mas sempre reservamos um momentinho para relaxar e namorar um pouco.

 Pelo bem do nosso relacionamento (e até mesmo da nossa saúde mental!), é muito importante saber a hora de parar de trabalhar. Muitas vezes, sem que nenhum de nós perceba, o nosso momento romântico se torna uma reunião profissional: estamos conversando sobre um assunto qualquer e, quando nos damos conta, já começamos a ter ideias para vídeos ou a debater alguma pendência. Nessa hora, um dos dois tem que lembrar ao outro que o expediente do dia já acabou e que a pauta não é mais trabalho. É difícil, mas a gente consegue!

 E como é que a gente lida com as famosas "DRs"? Pois é, essa talvez seja a parte mais complexa da história! Quem não trabalha com o namorado pode chegar em casa após um dia estressante e reclamar à vontade, falando mal dos colegas, do chefe, de tudo. Mas e quando o colega de trabalho que te irritou durante o dia inteiro é seu namorado? É difícil não levar o "ranço" para casa. O contrário também acontece: quando você briga com seu namorado, pode chegar ao trabalho e desabafar com os amigos sobre o que aconteceu. Mas e quando a DR foi justamente com seu sócio? Haja respiração, paciência, profissionalismo e boa vontade para evitar que trabalho e relacionamento atrapalhem um ao outro.

 Apesar das dificuldades e obstáculos, sinto que

trabalhar ao lado do Luiz traz muito mais vantagens que desvantagens: ele me faz companhia, me dá apoio e, principalmente, me transmite segurança. Neste universo tão competitivo e complexo como a internet, é muito bom saber que tenho ao meu lado alguém que se importa comigo e cuida de mim. Isso me ajuda muito, especialmente quando preciso lidar com situações desconfortáveis ou ter conversas delicadas com fornecedores, parceiros e contratantes. É um alívio saber que não preciso enfrentar tudo sozinha.

Trabalhar com amor é sempre melhor, né? Um apoia o outro e a nossa parceria vai se fortalecendo, para além da profissão. Hoje em dia, eu e Luiz temos tanta sintonia que conseguimos nos comunicar só pelo olhar: quando estamos numa gravação ou em qualquer situação com muita gente, em que não dá para conversar, a gente se olha e um entende na hora o que o outro está pensando.

Como somos namorados e parceiros de trabalho, estamos sempre juntos. Ele me acompanha nas viagens, reuniões, gravações, enfim, em todas as etapas do trabalho (e da vida!). Aliás, isso já nos rendeu boas risadas! Uma vez, fui gravar uma propaganda em São Paulo e o Luiz foi comigo – ele não ia aparecer no anúncio, mas estava lá como meu acompanhante. Quando chegamos ao local da gravação, uma das produtoras perguntou se ele era meu maquiador! Luiz contou a ela que era meu namorado, desperdiçando essa chance incrível de se aventurar numa profissão nova. O Brasil perdeu um talento da maquiagem!

Bem, eu não sei como o Luiz se sairia no papel de maquiador, mas, como sócio, ele é nota dez. Acho que a maior vantagem desse nosso trabalho em dupla é que um compreende muito bem as necessidades do outro.

A carreira de influenciador digital tem alguns desafios muito específicos, que, muitas vezes, quem está de fora não entende. Nossa rotina é muito diferente da que existe num trabalho convencional, já que não temos uma carga horária predefinida, férias, enfim, nada nos padrões.

Muitas vezes, precisamos abrir mão de momentos com a família e os amigos para trabalhar até mais tarde, ou nos fins de semana e feriados, enquanto todo mundo está se divertindo. Se o Luiz não vivesse tudo isso junto comigo, talvez não compreendesse a minha ausência em tantos momentos, o que poderia ser um problema sério para o nosso relacionamento. Mas, como também vivencia essa rotina, ele me entende como ninguém.

Além disso, sinto que a minha força se multiplica quando estou com o Luiz: trabalhamos juntos para conquistar os nossos objetivos e depois usufruímos juntos de tudo o que conseguimos. A verdade é que a gente se ajuda muito. Somos oficialmente sócios – cada um é dono de metade da nossa empresa – e, no dia a dia do trabalho, ele cuida principalmente da parte criativa, do conteúdo, enquanto eu me dedico mais ao orçamento, finanças e planejamento. O Luiz é o cara das ideias e eu, às vezes, sou a chata que diz "não" para um projeto porque pode custar caro demais, mas tudo é pensado e decidido pelos dois, em comum acordo.

Nossas finanças pessoais também são bem organizadas. Existem várias formas de planejar a organização financeira de um casal e isso depende muito do perfil de cada um. Muitos casais juntam toda sua renda numa mesma conta, e a quantia somada passa a ser dos dois, mas nós preferimos nos organizar de outra forma. Na nossa empresa, cada um recebe uma quantia mensal, de acordo com sua participação nos ganhos daquele mês. Dividimos todas as despesas da casa igualmente e cada um gasta (ou poupa!) o dinheiro que sobra como achar melhor. Quando temos algum objetivo em comum, como fazer uma viagem, cada um economiza do seu jeito e depois nos juntamos para pagar.

Sinto que esse modelo de divisão do dinheiro nos deixa mais à vontade, mais confortáveis e independentes. Se o Luiz quiser, por exemplo, comprar um carro novo, eu posso até opinar no modelo ou dar uma sugestão sobre a cor, mas é ele quem decide o que vai comprar e quanto quer gastar. Do mesmo jeito, eu não preciso explicar para o Luiz por que comprei uma bolsa que, na opinião dele, pode ser cara demais. Acho que, dessa forma, evitamos discussões bobas e respeitamos a liberdade um do outro.

Namorar o meu sócio (ou ser sócia do meu namorado, como você preferir!) exige muita paciência e maturidade, mas ter o Luiz ao meu lado é muito melhor do que trabalhar com alguém com quem tenho uma relação puramente profissional. Para ele, nosso canal não é apenas um trabalho: é o nosso meio de vida, algo que construímos juntos. É o nosso sonho adolescente que se tornou realidade.

Construímos juntos o nosso sucesso, o que nos dá muito orgulho e fortalece a nossa relação o tempo todo. O Luiz estava lá quando eu dei os meus primeiros passos no YouTube, quando dei um carro para a minha mãe com o primeiro dinheiro que consegui juntar, quando criamos juntos o Kids Fun. Ele me apoiou nas decisões mais importantes da minha vida e participou diretamente de todas as minhas conquistas. Se a gente não tivesse se conhecido naquela sala de aula em 2011, acho que não existiriam o canal, a mansão, os encontrinhos, as viagens e até este livro! Foi um *match* perfeito. Quando a gente se junta, as coisas decolam e tudo dá certo. *Ai, o amor!*

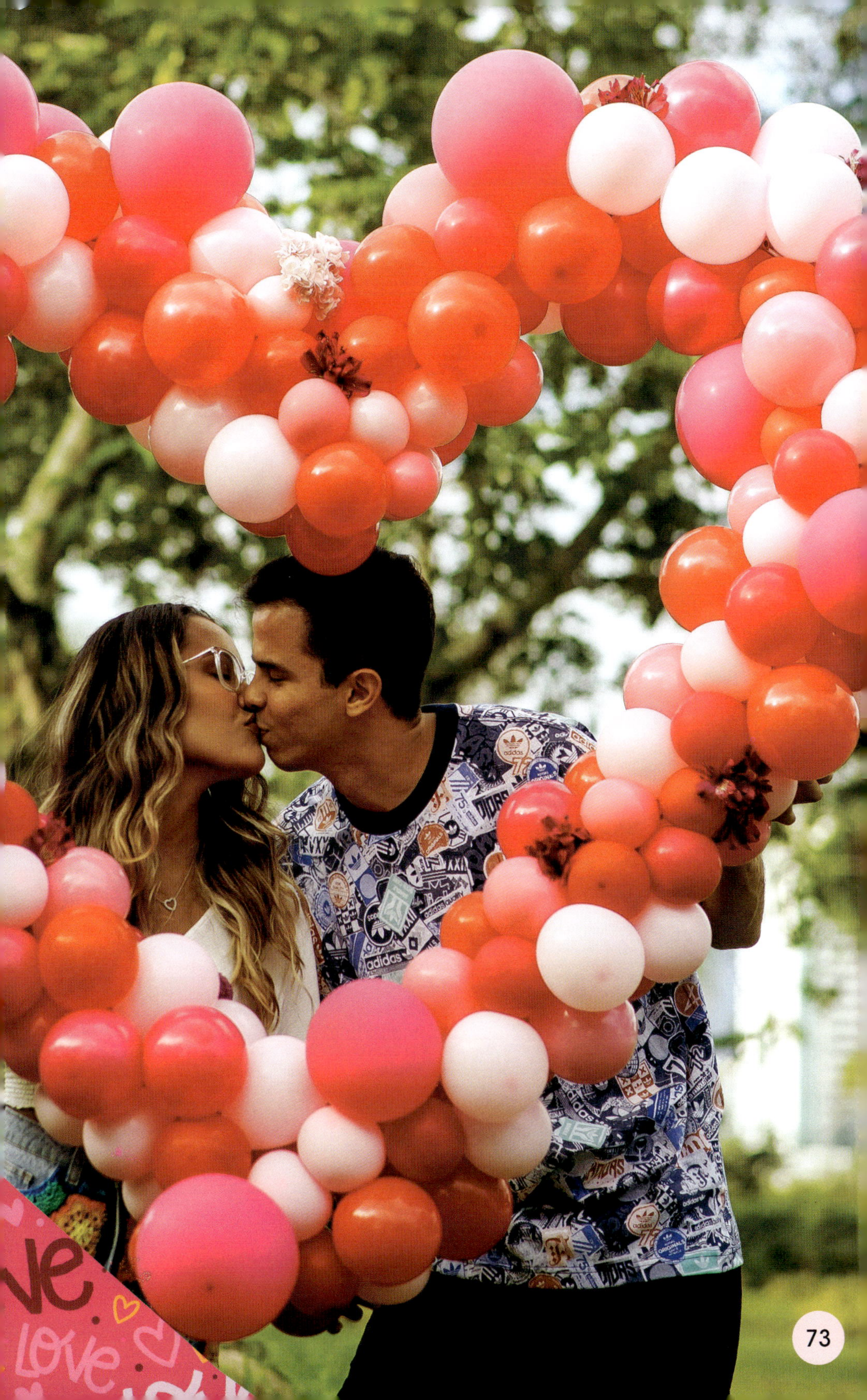
ve
love

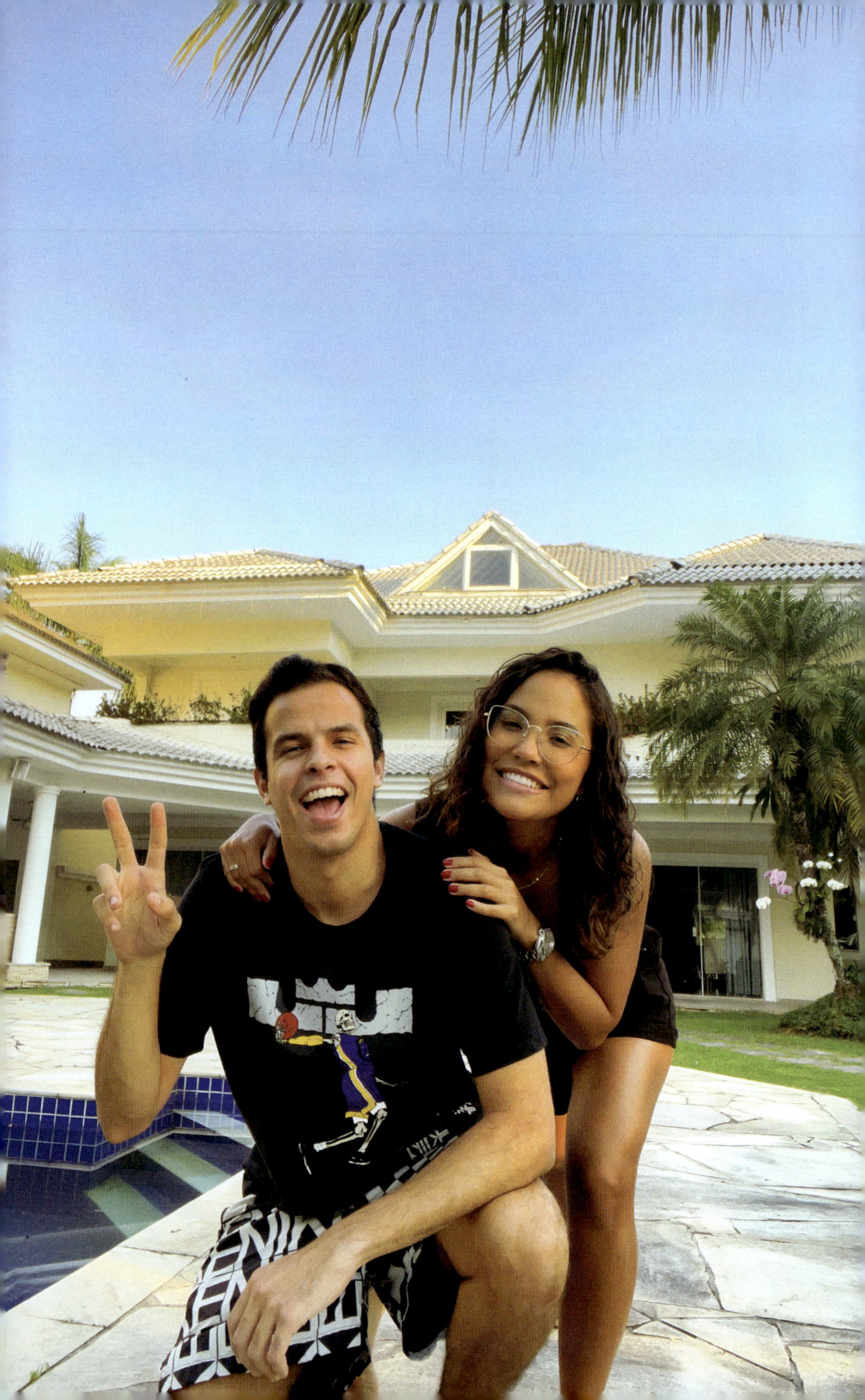

Capítulo 6

Mansão Kids Fun

Capítulo 6

Mansão Kids Fun

Dizem por aí que todo grande empreendimento tem seus pontos de virada, aqueles momentos em que a gente se dá conta de que subiu um novo degrau e que nada será como antes. Na história do canal Rafa & Luiz, esse momento, sem dúvida, foi a nossa chegada à mansão Kids Fun. Aliás, essa mudança foi um divisor de águas não apenas para o nosso canal, mas para a nossa vida a dois. Tudo mudou depois da mansão!

Em meados de 2018, eu e Luiz nos sentíamos cada vez mais incomodados com as limitações que tínhamos na casa dos meus pais: eram muitas as restrições de espaço e de liberdade, já que precisávamos respeitar as normas e os horários da casa, além das distrações que a rotina e a convivência com a minha família no dia a dia nos trazia. Procurando amenizar esse incômodo, tivemos a ideia de alugar algumas casas, de vez em quando, para passar pequenas temporadas gravando e trabalhando no canal.

A experiência de trabalhar num espaço só nosso, sob as nossas próprias regras, foi tão boa que decidimos investir nisso. Foi aí que começamos a procurar casas para alugar por um longo prazo, de pelo menos três anos, como em geral são os contratos de locação no Rio. Já tínhamos uma ideia do que queríamos: uma casa espaçosa, confortável e que nos permitisse variar de ambientes na gravação dos vídeos.

Agora vou contar algo que vai te surpreender: meu pai foi contra essa ideia. Nossa! Quem poderia imaginar, não é mesmo? Pois é, ironias à parte, meu pai agiu exatamente como eu esperava e disse que aquele plano era uma loucura, uma extravagância da minha parte. Para ele, eu gastaria dinheiro demais alugando uma casa, enquanto poderia continuar trabalhando na casa da minha família, na qual tinha todas as despesas pagas por ele. Afinal, embora já tivéssemos alcançado um certo sucesso dentro do YouTube, ele seguia achando que o canal poderia acabar a qualquer momento.

Apesar do "alerta" bem típico do meu pai, eu e Luiz decidimos seguir em frente. Nosso plano podia até parecer arriscado, mas sabíamos bem onde estávamos pisando. Antes de tomar a decisão de procurar um imóvel, fizemos cálculos e percebemos que tínhamos reservas para custear um ano de aluguel. Como já contei aqui, planejamos nossa vida financeira anualmente, então, quando vimos que nossas economias eram suficientes para bancar um ano na mansão, não tivemos mais dúvidas.

O próximo passo era encontrar a casa perfeita para nós – mas quem já passou por isso sabe que essa é uma missão nada simples! No nosso caso, esse processo terminou com um gostinho especial de vitória. Quando começamos as buscas, contamos com a ajuda de uma corretora de imóveis que era nossa fã e nos levou a muitas casas em condomínios na Barra da Tijuca, que era o bairro que mais nos interessava, mas nenhuma das opções nos atraiu muito. Pedimos que ela nos levasse a casas maiores, em condomínios como este em que moramos hoje, mas ela disse que, com o valor que estávamos dispostos a pagar, jamais conseguiríamos um imóvel assim.

Insistimos muito para que a corretora nos levasse a outros condomínios, de padrão mais elevado do que os que ela já tinha nos mostrado, mas não adiantou. Ela disse que aquilo seria uma perda de tempo para todos nós. Então, diante de um balde de água fria desses, desistimos, né? Só que não!

A gente não desiste assim tão facilmente. Encontramos outro corretor, que topou nos levar aos condomínios que queríamos visitar, e, quando ele nos mostrou pela primeira vez a mansão, sentimos que aquela era a nossa casa.

Sabe quando você visita um lugar e sente: "É este!"? Foi o que aconteceu naquele dia. Eu e Luiz nos apaixonamos à primeira vista pela mansão, mas ainda precisávamos resolver um "detalhe": o valor do aluguel. A mãe do Luiz foi conosco naquela visita e conversou com o corretor sobre a quantia que estávamos dispostos a pagar. Eu lembro que, depois da conversa, ela se aproximou de nós, cabisbaixa, e disse: "Não vai dar. Com esse valor que vocês querem pagar, não vai dar."

Foi aí que o nosso corretor teve uma ideia e sugeriu que fizéssemos uma proposta à proprietária: pagar o valor equivalente a um ano inteiro de aluguel, à vista. Essa é uma proposta que pouca gente faz, já que é muito difícil juntar todo esse montante, mas nós já tínhamos o dinheiro reservado e decidimos tentar. Para nossa surpresa, a proprietária aceitou a oferta, com todas as condições que pedimos, incluindo o direito de usar a casa nas gravações. Nossa, eu nem podia acreditar!

Enquanto eu assinava o contrato e *pegava as chaves* da minha nova casa, me lembrei da corretora que disse que nem valia a pena visitar um imóvel como aquele, porque eu jamais conseguiria alugar uma casa do jeito que eu queria com o valor que podia gastar. Toda conquista é saborosa, mas quando alguém diz que você não vai conseguir e aí você vai lá e consegue... O gostinho da vitória se torna ainda mais especial!

Faz três anos que eu e Luiz entramos na mansão pela primeira vez e, desde então, tudo mudou. Com a casa nova, um mundo de possibilidades se abriu para nós, já que passamos a ter mais espaço e ambientes variados, que nos permitem "pirar" muito mais nas ideias de conteúdo para o canal. Sem o receio de incomodar meus pais, também nos sentimos muito mais livres para transformar a casa em estúdio, escritório, depósito e o que mais for necessário.

Trabalhando na mansão, consigo me dedicar muito mais ao canal, sem as distrações que havia na casa dos meus pais – onde, além de ajudar nos afazeres domésticos, volta e meia eu precisava mediar algum pequeno conflito do dia a dia entre a minha mãe e a Ju, por exemplo. Até hoje, sinto que administro algumas questões do convívio delas – coisas da vida de irmã mais velha, né? –, mas isso já não faz mais parte da minha rotina nem interfere no meu trabalho. Com isso, nossa relação até melhorou, já que agora eu tenho tempo de qualidade com eles: só estamos juntos quando escolhemos nos encontrar, quando um pode dar a atenção que o outro merece.

Além disso, tem aquela sensação de liberdade que a gente só experimenta uma vez na vida, justamente quando sai da casa dos pais: hoje podemos deixar os equipamentos espalhados pela sala, a louça acumulada na pia, a cama por fazer e ninguém vai aparecer para dar bronca! Se for preciso contratar uma equipe grande para gravar um vídeo e deixar a casa lotada de gente por um tempo, tudo bem. E o mais importante: podemos gravar nos horários e cômodos que quisermos. Nosso condomínio tem normas que precisamos seguir para respeitar o descanso dos vizinhos, é claro, mas eu garanto que isso é fichinha perto das regras e horários do meu pai!

Essa liberdade foi uma verdadeira revolução para nós e teve reflexos imediatos nos resultados do canal. Depois que passamos a gravar conteúdos na mansão, o número de visualizações dos vídeos dobrou, e a receita do canal triplicou. Manter uma casa em um dos condomínios mais caros da Barra da Tijuca custa muito caro, mas, quando penso nisso como um investimento, não tenho dúvidas de que valeu a pena.

No canal, tudo mudou muito de repente com a chegada à casa nova, mas, para nós, o casal, o processo foi um pouco mais demorado. A mansão surgiu em nossas vidas por uma necessidade profissional: nosso plano não era casar, mas resolver o problema da limitação de espaço, que dificultava o trabalho. Por muito tempo, continuei morando com a minha família, em Olaria, e o Luiz, com a família dele, na Penha. Nós ficávamos juntos trabalhando na mansão, na Barra, de quinta a domingo, e, no domingo à noite, cada um voltava para a casa da sua família.

Esse processo se tornou muito desgastante, além de arriscado, já que o trajeto Barra x Olaria x Penha é bem perigoso, principalmente à noite. E o que foi que pensamos, então? "Vamos morar juntos?" Não! Decidimos levar as nossas famílias para a Barra também, para que pudéssemos continuar morando com eles e trabalhando na mansão. Ainda não seria dessa vez que Rafa & Luiz uniriam as escovas de dente!

Trabalhávamos juntos na mansão e, no fim do dia, voltávamos às nossas casas "oficiais", a poucos metros de distância dali. Mas, com o tempo, essa situação foi me incomodando cada vez mais. Conversei com o Luiz e disse que queria morar na mansão, junto com ele, e que não achava justo que a gente não pudesse desfrutar daquela casa maravilhosa, usando-a apenas para o trabalho. Falei que queria dormir e acordar lá, fazer dali a nossa casa.

No início, Luiz foi bem resistente à ideia de morarmos juntos. Ele é muito apegado aos pais e se sentia culpado só de pensar em tirar as roupas dele do armário da casa da família! Era como se sair de casa fosse uma coisa errada, como se ele estivesse abandonando a família, mesmo que eles estivessem bem pertinho, numa casa muito próxima à mansão.

Esse vaivém entre as casas das nossas famílias ainda durou um tempo, até que, uma noite, eu cansei e decidi que me mudaria de vez para a mansão, mesmo que precisasse ficar sozinha. Não quis pressionar o Luiz para que ele se mudasse também, então deixei claro que ele poderia ir para a casa dos pais, se quisesse, mas disse que eu ficaria ali. Eu já estava habituada ao condomínio e me sentia segura, então morar sozinha não seria um problema.

Luiz não quis me deixar passar a noite sozinha na mansão e disse que ficaria comigo. E foi ficando, ficando, ficando... Opa, olha ele aqui, até agora! Mas se você acha que foi aí que nos mudamos totalmente, calma, porque ainda levou um tempo! A conexão à internet na mansão era muito fraca, então não conseguíamos subir os vídeos para o YouTube por lá. Por isso, Luiz precisava ir todos os dias à casa dos pais para publicar os vídeos do canal, enquanto eu ainda ia às segundas, terças e quartas à casa dos meus pais, para trabalhar com a Ju no canal dela.

Depois de muita espera, em 2021, o nosso condomínio finalmente disponibilizou um serviço de internet que nos permite publicar os vídeos usando a conexão da nossa casa! Vitória! Além disso, contratei uma equipe para cuidar do canal da Ju, da filmagem à publicação, então, agora, só vou à casa dela uma vez por semana, para gravar os vídeos de que participo. Foi só então que eu e Luiz passamos a morar na nossa casa! Atualmente, passamos o dia inteiro juntos, gravando, cuidando do planejamento e de todas as tarefas do canal. Depois do expediente, é hora de "virar a chave" e aproveitar a casa para a nossa diversão, os nossos momentos especiais. Enfim, casados!

Aliás, como você deve saber, a gente *até se casou "de verdade"*, numa celebração em Las Vegas. Essa experiência foi mais uma das coisas incríveis que só realizamos por causa do canal. A princípio, eu e Luiz encaramos aquilo como uma brincadeira, uma grande diversão, que, depois da viagem, daria origem a um novo vídeo no canal. Mas, aos poucos, as pessoas ao nosso redor nos convenceram de que aquele era um momento importante e devia ser tratado com o devido carinho, já que havia muito sentimento envolvido. Não somos oficialmente casados no Brasil e ainda estamos pensando sobre essa questão, mas guardamos com muito amor as "bênçãos" que recebemos do Elvis Presley de Vegas.

É até engraçado quando a minha avó ou a minha mãe dizem que eu sou casada! Apesar da cerimônia em Las Vegas e de saber que morar junto é a mesma coisa que se casar com alguém, eu ainda sinto uma estranheza quando ouço a palavra "casamento". No meu relacionamento com o Luiz, as coisas aconteceram de forma tão natural (e tão devagar!) que não senti o impacto dessa transformação.

A mudança para a mansão representou um salto enorme para o nosso canal, mas, no nosso relacionamento, decidimos avançar em pequenos passinhos, um de cada vez. Três anos se passaram desde a nossa chegada à mansão até finalmente nos sentirmos moradores da casa, dividindo a rotina em todos os momentos do dia. Tudo aconteceu do nosso jeito, no nosso tempo, como tinha que ser. E valeu a pena termos feito dessa forma.

Toda vez que acordo, abro as janelas, vejo **os coqueiros do jardim da mansão** e sinto uma paz incrível, um gostinho de vitória. Mas essa sensação só é completa quando eu olho para o outro lado e vejo o Luiz, vivendo tudo isso junto comigo, depois de tanto sonhar e batalhar pelas nossas conquistas.

E eu não posso terminar este capítulo sem antes compartilhar uma grande alegria com vocês: a mansão agora é nossa! Sim! Em dezembro de 2021, nós conseguimos comprar o imóvel! Foi uma conquista e tanto, e eu tenho a certeza de que vem muito mais por aí!

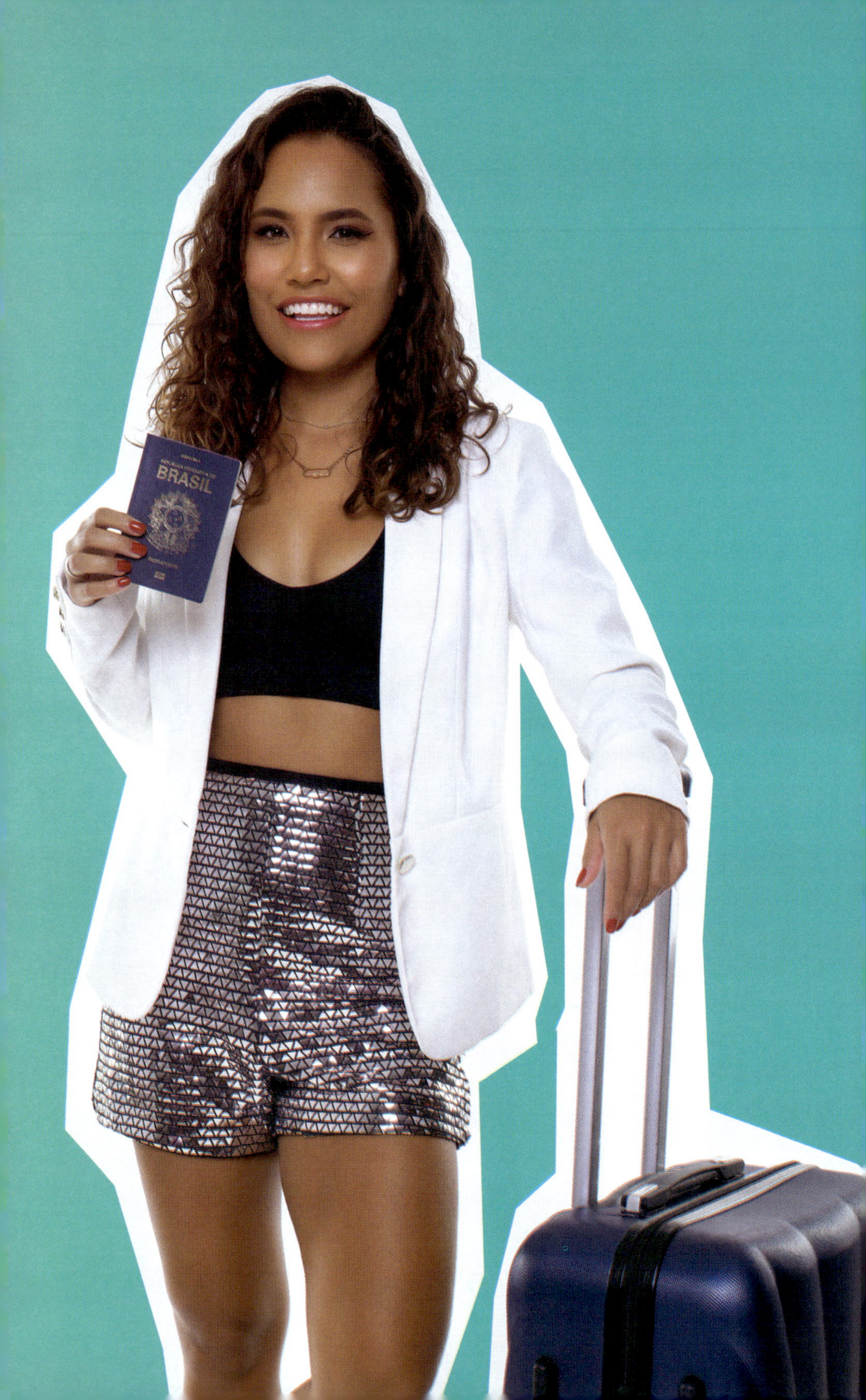
BRASIL

Capítulo 7

Mundo, aí vou eu!

Capítulo 7

Mundo, aí vou eu!

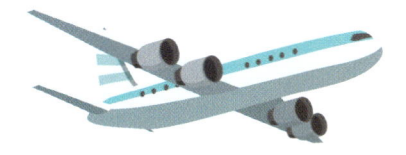

Meu canal no YouTube me permitiu realizar muitos sonhos. Pude dar um carro para a minha mãe, alugar uma casa confortável para mim e outra para a minha família, conhecer pessoas que admiro e viver momentos inesquecíveis. Mas a listinha de grandes presentes que a internet me deu só estaria completa se eu mencionasse um item muito especial: as viagens!

Eu sempre sonhei em viajar pelo mundo e conhecer muitos lugares. Como lá em casa a grana era um pouco apertada, fazíamos viagens curtas, visitando cidades próximas ao Rio de Janeiro ou, no máximo, conhecendo outros estados do país. Antes do YouTube se tornar minha profissão, o lugar mais distante aonde eu tinha ido era o Paraguai – mesmo assim, foi um bate e volta bem rapidinho, de ônibus, atravessando a fronteira em Foz do Iguaçu, no Paraná. Mas, nessa época, eu já queria ir mais longe.

Assim que o canal decolou, eu quis decolar também! Quando comecei a ganhar dinheiro com o YouTube, reservei uma quantia para conhecer Gramado, no Rio Grande do Sul, junto com o Luiz. Foi um passeio simples, sem grandes luxos, mas até hoje nos lembramos com muito carinho deste momento: a primeira viagem que fizemos juntos, só nós dois, e que foi paga por nós, com o dinheiro que conquistamos com o nosso trabalho no canal.

Depois de Gramado... Orlando, Flórida, nos Estados Unidos! Nem preciso dizer que eu sempre quis conhecer a Disney, os parques e todo aquele mundo mágico, né? Esse era um sonho tão especial, que eu quis realizá-lo ao lado das pessoas que mais amo neste mundo. E foi assim que, em maio de 2017, eu, Luiz, nossos pais e nossas irmãs **embarcamos todos juntos** para a Flórida – a nossa primeira viagem internacional "pra valer", porque aquela escapadinha no Paraguai foi tão rápida que nem contou!

Hoje, viajar é uma das coisas que mais amo no mundo – se for para a *Disney*, melhor ainda. Peguei gosto pela coisa, sabe? É claro que, como acontece com tudo na minha vida, preciso conciliar meu calendário de passeios com as publicações e gravações de vídeos, e aproveito as viagens para produzir muito conteúdo para o canal. Mas isso é um baita desafio! Não existe um modelo perfeito para conciliar curtição e trabalho numa viagem: cada um deve encontrar a forma que mais se encaixa no seu estilo. Mas uma coisa é certa: se você não tiver foco, a diversão fala mais alto e você acaba se perdendo das responsabilidades.

Quando gravo em viagens com a Ju, por exemplo, prefiro produzir e gravar tudo o que estiver previsto para cada dia antes de aproveitar as atrações do local. Conheço a "peça" e sei que, quando chegamos a um parque ou a qualquer lugar com muitas distrações, ela perde o foco, quer passear, fica dispersa, e isso acaba fazendo a gravação levar muito mais tempo do que deveria. Por isso, prefiro trabalhar primeiro e me divertir depois, livre dos compromissos.

Com o Luiz a história é diferente: ele gosta de aproveitar cada segundo das nossas viagens, sem interromper a nossa programação para gravar. A solução, então, é gravar enquanto aproveitamos a viagem. Para não perder tempo, ele carrega a câmera para cima e para baixo e vai filmando enquanto passeamos, conhecemos os lugares e experimentamos alguns brinquedos dos parques. Com isso, a gente garante a produção do conteúdo e não deixa de se divertir.

Mas não é tão simples assim, viu? Para ser sincera, gravar os vídeos não é problema nenhum, mas carregar os equipamentos... Que saco! Viajar por aí levando uma câmera pesada, microfones sensíveis, suportes e mais uma série de apetrechos é muito cansativo. Quando vamos a qualquer brinquedo mais radical, como uma montanha-russa, temos que deixar tudo num *locker*, o que nos faz perder um tempão.

Gravar vídeos em parques e atrações turísticas tem vários desafios. Além de ser pesado, nosso equipamento chama a atenção das pessoas ao nosso redor, que ficam curiosas, olhando, perguntando o que estamos fazendo. Também é difícil encontrar o lugar ideal para gravar, com pouca circulação de pessoas, pouco barulho... Quase uma missão impossível! Mas, nessas viagens, já fizemos o "impossível" acontecer várias vezes: enfrentamos restrições, chuva, gente chata e até alguns carrapatos e percevejos que vêm "de brinde" em algumas gravações.

Apesar dos perrengues, eu sempre faço questão de aproveitar ao máximo cada viagem, mesmo que eu precise gravar conteúdo todos os dias. Minha dica para quem deseja fazer o mesmo é se planejar. Todos os dias, antes de sair, pense nas atrações que você gostaria de conhecer, aonde você gostaria de ir para curtir e liste também todas as suas tarefas. Tente encaixar suas gravações nos horários e locais de passeio, ou, se preferir, grave seus vídeos primeiro e fique com o restante do dia livre para aproveitar como quiser. A escolha é sua – e uma das maiores vantagens da carreira de youtuber é justamente esta: poder escolher a melhor maneira de trabalhar.

Mas gravar e publicar os vídeos não é o único desafio do youtuber que gosta de botar a mochila nas costas e sair pelo mundo de vez em quando. Eu e Luiz levamos um tempo até entender como tornar o conteúdo das nossas viagens atrativo ao nosso público. Por mais curioso que pareça, os números de visualizações do nosso canal caem quando deixamos a mansão, no Rio, e publicamos vídeos gravados em outros lugares do país ou do mundo.

Reparamos nessa mudança logo na primeira viagem a Orlando, em 2017. Hoje, entendemos que nosso público está habituado a ver os vídeos que gravamos na mansão, com a nossa família, acompanhando o nosso dia a dia. Se a nossa rotina muda de maneira brusca, de uma hora para a outra, as pessoas estranham e, a princípio, não têm interesse em ver o conteúdo novo. Só depois de algumas semanas publicando vídeos no destino da viagem é que os números voltam a subir, depois que as pessoas já se acostumam ao lugar onde estamos.

Nossos inscritos adoram nos ver em casa, fazendo desafios e *trollagens* um com o outro. Quando viajamos, o cenário e a rotina mudam completamente e é um desafio tornar aquele novo ambiente interessante. Por isso, na nossa próxima viagem, vamos usar uma estratégia diferente, avisando no Instagram que vamos sair do Brasil para preparar o público e gerar expectativa nos nossos inscritos para os vídeos que serão publicados no canal.

Descobrimos, aos poucos, que o nosso público gosta de acompanhar a nossa rotina e de conhecer as coisas a partir do nosso ponto de vista. Pouco importa se o hotel "mal-assombrado" de um dos vídeos fica nos Estados Unidos ou em qualquer outro lugar do mundo, para os inscritos do canal, o importante é que nós estamos lá. Existem diversos canais especializados em viagens, que dão dicas incríveis e sugerem roteiros para pessoas com os mais variados perfis, mas não é isso o que a galera quer ver no nosso canal: eles querem saber qual foi a nossa impressão sobre cada lugar, ver a nossa reação diante de cada experiência.

Vídeos do tipo "Parques mais legais da Disney" ou "Doces mais bizarros do México" não funcionam tão bem no nosso canal. Para os nossos fãs, eu e Luiz somos mais importantes que os parques da Disney e os doces do México. A gente não entende muito bem, mas agradece o carinho, viu?

Pensando nesse comportamento do público, gravamos os vídeos sempre de maneira muito espontânea, dando destaque à nossa própria experiência. Quando visitamos um país no exterior, mostramos o nosso dia a dia, exatamente como fazemos quando estamos no Brasil, sem dar destaque às diferenças culturais ou curiosidades que cada país tem. Como eu disse, existem muitos canais especializados em dicas de viagem, mas o nosso é especializado na nossa vida e nas nossas aventuras!

Outra parte desafiadora das viagens é administrar o Instagram enquanto estamos fora do país e, principalmente, coordenar as postagens nas redes sociais com as publicações no canal. Afinal, se eu mostrar no Instagram que estou nos Estados Unidos e os vídeos do canal continuarem a ter a mansão do Rio como cenário, nossos inscritos vão estranhar e cobrar que a nossa viagem também apareça no YouTube – e isso sempre acontece!

O melhor exemplo disso foi o que aconteceu quando eu, Ju e Luiz fomos juntos para o México. Saímos do Brasil com vários vídeos prontos para serem publicados ao longo da nossa viagem, de modo que pudéssemos aproveitar o passeio sem nos preocupar muito em gravar. Grande engano! Nossos inscritos descobriram que estávamos no México – não foi muito difícil, já que, além dos nossos próprios *posts* no Instagram, a Ju publicou alguns vídeos da viagem no canal dela.

Todos os vídeos "de gaveta" que publicamos no canal Rafa & Luiz durante a viagem receberam uma chuva de comentários divididos em dois tipos: alguns inscritos ficaram confusos, sem entender como estávamos em dois países diferentes "ao mesmo tempo", e muuuuuuuitos pediram por vídeos do México. Percebendo essa demanda que não estava prevista, tivemos que correr para gravar conteúdo na viagem, de um jeito meio improvisado.

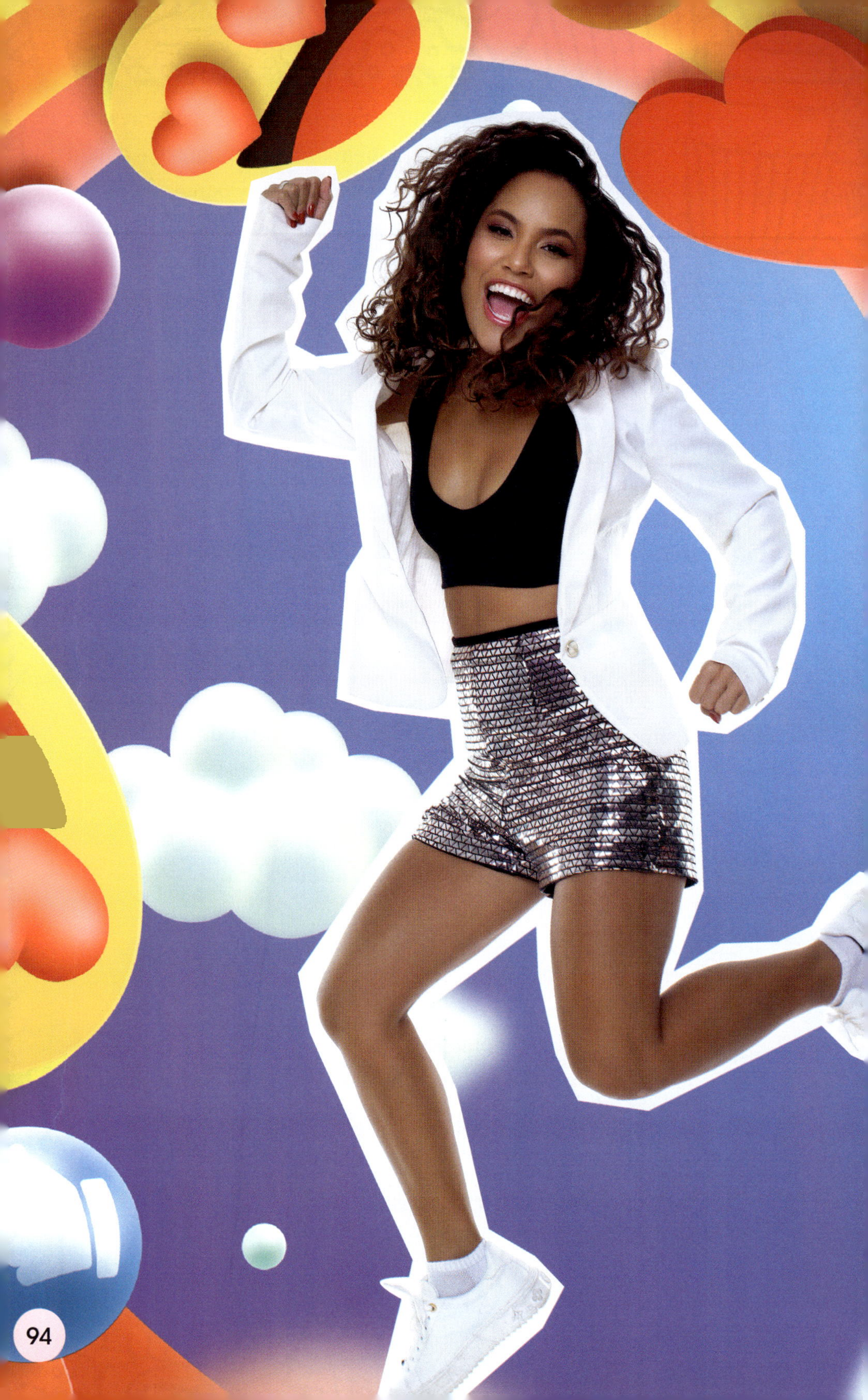

Aprendemos a lição! Na próxima viagem juntos, vamos coordenar a publicação dos vídeos entre os dois canais, para garantir que o conteúdo do canal Juliana Baltar converse com o que postamos em Rafa & Luiz, e que os dois estejam alinhados com o Instagram também. É difícil, requer muito planejamento, mas vai rolar!

Apesar de todos esses perrengues, compromissos e dificuldades, gravar vídeos para o YouTube viajando pode ser muito divertido e prazeroso. É chato ter que carregar equipamentos, pensar em cada detalhe, planejar tudo e ter compromissos a cumprir, mas a gente sente que tudo vale a pena quando se diverte absurdamente num passeio que nenhum de nós faria, não fosse pelo canal. Nos Estados Unidos, por exemplo, eu e Luiz visitamos a Área 51, base da Força Aérea do país, que fica em Nevada. Considerando-se ida e volta, levamos mais de seis horas de Las Vegas até lá – um passeio incrível que não teríamos feito se não estivéssemos em busca de uma pauta interessante para o canal.

Foi assim também em Angra dos Reis, aqui no Rio: alugamos um tobogã para ir do deck diretamente para o mar! Eu jamais teria tido todo esse trabalho à toa, só por diversão – no máximo, teria dado um mergulho naquele mar tão lindo. Mas, como eu precisava de um elemento para dar um diferencial ao vídeo da viagem a Angra, encarei essa missão.

No fim das gravações, pude aproveitar o tobogã à vontade e me peguei pensando que a minha vida seria muito sem graça se eu não tivesse um canal no YouTube. Até hoje, as melhores aventuras, as maiores emoções e os momentos mais incríveis que vivi têm alguma ligação com o canal ou surgiram a partir de uma busca por uma pauta interessante para um vídeo. O Luiz tem a mesma sensação! A gente se esforça para tornar os vídeos interessantes para quem os assiste, mas o nosso canal é baseado na nossa vida – que também se torna melhor, mais divertida e mais emocionante por causa dessa busca. Que sorte a nossa!

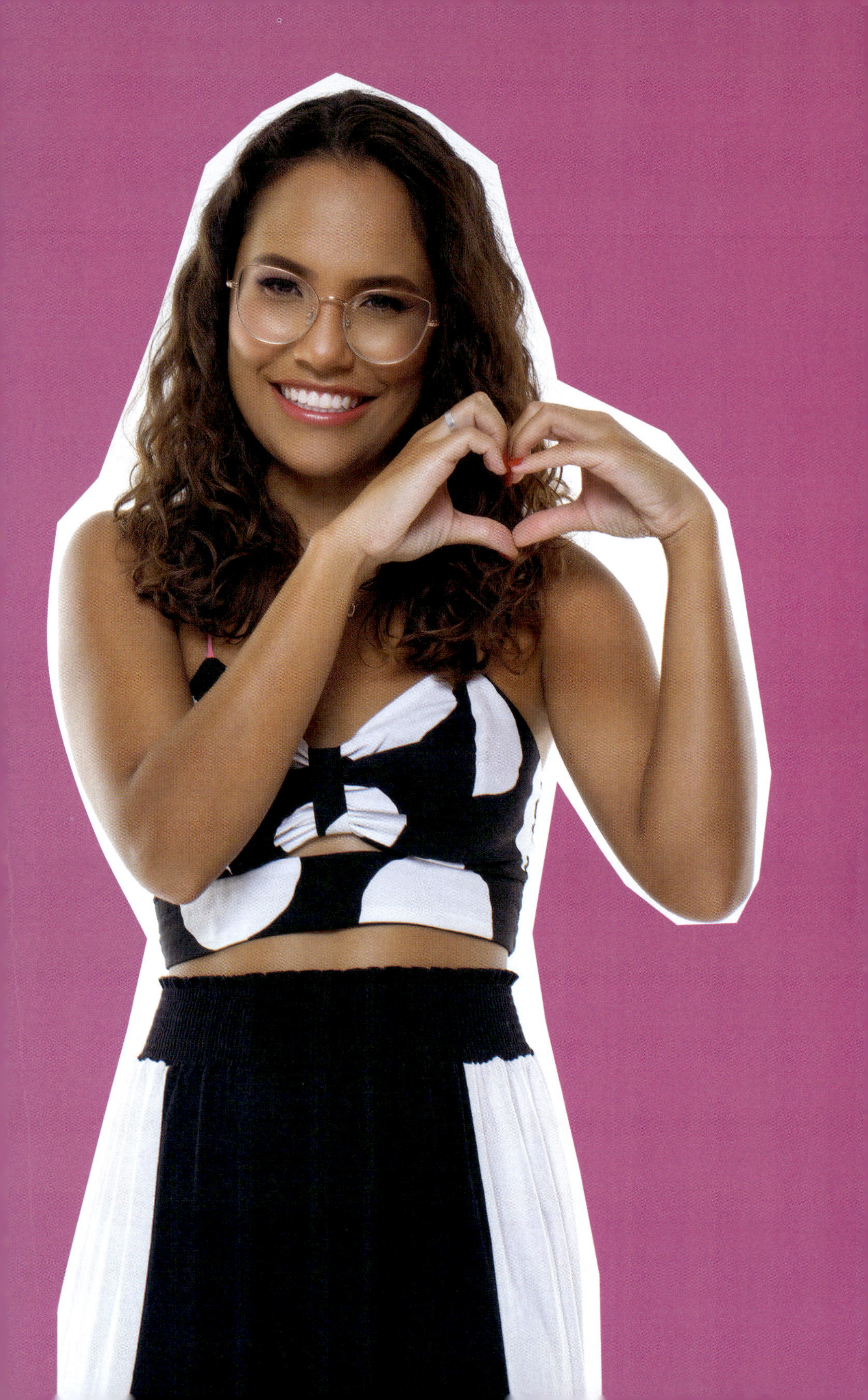

Capítulo 8

Meus fãs: tudo para mim!

Capítulo 8

Meus fãs: tudo para mim!

Até agora, eu te contei como o YouTube me permitiu realizar coisas com as quais sempre sonhei, né? Mas chegou o momento de falar sobre algo muito especial que a internet me deu e que nunca, nem nos meus maiores sonhos, imaginei que pudesse conquistar: fãs. Como é que eu, uma adolescente comum, vinda de uma família simples, sem nenhum contato com pessoas famosas ou "importantes", poderia imaginar que um dia teria fãs?

Como você sabe, eu e minha irmã, a Ju, começamos no YouTube de brincadeira, sem nenhuma pretensão de ganhar dinheiro ou conquistar fama. Aos poucos, o canal da Ju foi crescendo, ganhando mais e mais inscritos, porém, apesar de acompanhar os números, ainda não tínhamos real noção do nosso alcance, de quantas pessoas eram realmente impactadas pelos nossos vídeos.

As coisas começaram a mudar no dia em que eu e Ju fomos a uma farmácia e uma pessoa reconheceu a minha irmã e disse que acompanhava o canal dela. Foi um contato bem rápido e sutil, mas saímos daquela farmácia explodindo de felicidade: era a primeira vez que a Ju era reconhecida na rua pelos vídeos do canal! Foi um momento inesquecível!

Mas a grande surpresa mesmo veio em setembro de 2015, num evento promovido por uma youtuber de quem a Ju era fã. Nossa ideia era entrar na fila e tirar foto com a influenciadora, como todo mundo faz, mas, quando chegamos lá...
Não deu! As crianças reconheceram a Ju e começaram a gritar por ela, pedindo para abraçar e tirar fotos,

a ponto de a equipe de segurança do evento precisar cuidar também da segurança da Ju! Foi ali que a ficha caiu: "Meu Deus, a Ju tem fãs!"

Com o tempo, o canal da Ju cresceu mais e mais, e eu senti que também tinha um potencial a explorar como youtuber. Como você já sabe, criei, ao lado do Luiz, o canal Kids Fun, que hoje se chama Rafa & Luiz. Nessa fase, eu já tinha o objetivo de seguir uma carreira na internet, mas, ainda assim, não me imaginava ficando famosa. Meu objetivo era apenas criar um conteúdo que divertisse as pessoas.

Conforme o número de inscritos do canal Rafa & Luiz aumentava, percebi que o público não estava interessado apenas no conteúdo que publicávamos, mas também (e principalmente!) em nós, na nossa rotina, nas nossas vidas. Notei que muitas crianças passaram a se espelhar na gente, a se vestir e até a falar do nosso jeito. Isso, para mim, é ser fã. E, até hoje, é muito emocionante pensar que há tantas pessoas que admiram o nosso trabalho e gostam da gente a ponto de querer se parecer comigo, com o Luiz e com a Ju. É incrível!

Quem trabalha com a internet passa muito tempo diante das telas, publicando vídeos, respondendo comentários, enfim, cuidando da administração do canal. Muitas vezes não temos a real dimensão do impacto daquilo que fazemos na vida das pessoas: os números de inscritos e visualizações não traduzem sentimentos. Por isso, quando somos reconhecidos nas ruas ou nos encontramos pessoalmente com as pessoas que nos admiram, sempre nos emocionamos muito. É como se tudo aquilo se tornasse real, palpável e, principalmente, cheio de carinho e afeto, coisa que número nenhum pode oferecer.

No final de 2019, eu e Luiz fizemos um cruzeiro e lá encontramos uma menina angolana, que nos disse que acompanhava e era fã do nosso canal. Aquilo foi muito surpreendente, porque eu não fazia ideia de que os vídeos que eu gravava no quintal da minha casa fossem vistos por uma pessoa em outro continente, na África, tão distante daqui. A emoção de ficar frente a frente com uma fã estrangeira e sentir que ela parecia nos conhecer de perto, mesmo morando tão distante, foi inexplicável!

Hoje, encontro fãs em quase todos os lugares aonde vou, mas ainda não me acostumei a isso – aliás, acho que nunca vou me acostumar à ideia de que existe tanta gente que gosta tanto de mim! Não sei o que fiz para merecer isso, mas me sinto muito grata e sortuda por receber esse carinho todo. É claro que, como tudo na vida, a exposição também tem seu lado difícil. É estranho, por exemplo, entrar em uma loja e sentir que os atendentes e outros clientes sabem quem eu sou. Às vezes, percebo que as pessoas ficam de olho em mim, reparando no meu comportamento, e me sinto um pouco "vigiada", como se não pudesse dar um passo em falso para não ser criticada.

Quando estou num lugar público, onde sei que posso ser reconhecida, penso duas vezes antes de falar ou fazer qualquer coisa, porque me preocupo com a maneira como serei vista. Muitas vezes, por exemplo, deixo de reclamar de um serviço que não funciona corretamente, mesmo que eu tenha razão, por medo de ser mal interpretada ou vista como arrogante. Não quero que as pessoas pensem que eu "me acho" por ser uma youtuber conhecida, sabe? Então, se alguém passa na minha frente numa fila, eu, às vezes, até finjo que não vejo, só para "evitar a fadiga".

Mas esses detalhes se tornam menores ainda quando me vejo diante de um fã "de verdade", daqueles que sabem tudo sobre o canal, que esperam ansiosamente por novos vídeos, que acompanham a minha vida, a do Luiz e a da Ju como se fôssemos parentes próximos, vizinhos, grandes amigos. E é isso o que somos, no fim das contas: grandes amigos.

Ao lado dos meus fãs, vivi os momentos mais emocionantes da minha vida. Não consigo descrever o que sinto quando vejo aquela multidão de crianças gritando o meu nome nos encontrinhos, na *Bienal do Livro*... Nossa, é maravilhoso! Escuto histórias de pessoas que viajam de longe para nos ver, que encaram mais de seis horas de estrada e mais algumas horas de fila, só para me dar um abraço e tirar uma foto ao meu lado!

É muito gratificante saber que fazemos a diferença na vida de tanta gente, que existem crianças que assistem aos nossos vídeos do hospital, enquanto fazem o tratamento para alguma doença, que pais e filhos se reúnem para curtir juntos o nosso canal... Isso não tem preço! Há também aqueles que abordam a minha *personal trainer* pelo Instagram, pedindo o número do meu telefone ou querendo enviar um recado. Sem falar na cartinha de um metro que eu recebi de uma menina – era o meu sonho receber uma cartinha como essa, "*quilométrica*", cheia de declarações lindas. Meu Deus, o que eu fiz para merecer esse amor?

Todo fã é importante e essencial na vida de qualquer influenciador ou artista, mas alguns deles se destacam pelo empenho e pela paixão que demonstram e se tornam carinhas conhecidas, de tanto interagirem comigo. Muitas vezes, publico um vídeo ou foto no Instagram e já fico esperando a reação de alguns fãs "fiéis", como uma menina que responde absolutamente tudo o que eu posto, sempre demonstrando que assistiu ao vídeo e dando a opinião dela sobre o conteúdo. Ela sabe se fazer presente, me incentivar e, ao mesmo tempo, respeitar o meu espaço, o que a torna uma fã muito especial.

Teve também uma menina que conseguiu mobilizar diversos influenciadores para entrar em contato comigo, me pedindo para gravar um vídeo para ela. Eu fiquei surpresa com a quantidade de gente que ela conseguiu reunir para fazer esse pedido e, impressionada com o gesto, gravei o tal vídeo e fui atrás do perfil da menina no Instagram, para conhecê-la melhor.

Descobri que ela estava comemorando o aniversário na Disney de Paris e encontrei um vídeo em que o pai dela perguntava qual tinha sido o melhor presente daquele aniversário. Para a minha surpresa, a resposta da menina foi: "O vídeo que a Rafa gravou para mim e o *follow* que recebi da Rafa no Instagram." O pai dela até fez uma brincadeira: "Poxa, eu te trago a Paris e você diz que o melhor presente foi ter sido seguida pela Rafa?" Confesso que pensei a mesma coisa, mas fiquei muito feliz por ter proporcionado o melhor presente de aniversário de alguém!

Fãs assim me motivam muito. Com alguns deles, consigo ter uma relação próxima, respondendo aos seus comentários, interagindo e retribuindo o carinho que me dão, seja pelo *direct* do Instagram ou por mensagens no Telegram. Procuro conhecer melhor essas pessoas que, no fim das contas, são a grande razão do meu trabalho. Gosto de saber onde moram, o que gostam de fazer e tento sempre incentivá-los a estudar bastante, porque entendo que muitos deles me veem como um exemplo e levam a sério o que eu digo.

Não é possível dar essa atenção a todos, infelizmente – não só porque são muitos, mas também porque os mais novinhos, às vezes, ficam muito eufóricos quando encontram comigo, e aí a gente não consegue conversar tanto. Mas é sempre muito fofo! Cada encontro com os fãs me renova completamente: volto para casa me sentindo inspirada, motivada a fazer o melhor trabalho do mundo, porque esses fãs não merecem menos que isso.

É por eles que perco horas de sono e diversão planejando, gravando ou publicando conteúdo. É por eles que invisto alto em webséries e projetos que nem sempre trazem retorno financeiro, mas que eu sei que eles curtem. É por causa deles que faço questão de inovar e de contratar os melhores profissionais que eu puder, para garantir um conteúdo de qualidade.

Antes de ter um canal no YouTube, eu me sentia muito solitária, já que nunca tive muitos amigos. Eu lembro que, quando chegava o dia do meu aniversário, eu reparava que pouca gente me dava parabéns pelo Facebook, na época em que isso era um grande termômetro de popularidade. Hoje, em todo aniversário, recebo "toneladas" de amor dos meus fãs, que preparam lindas homenagens e sempre me emocionam.

Mas os fãs não estão presentes apenas nessas datas especiais: eles fazem parte do meu dia a dia e estão sempre ao meu lado, divulgando tudo o que faço, apoiando as minhas ideias e iniciativas, enfrentando filas e perrengues para me ver, engajando-se absurdamente nas votações quando o canal participa de qualquer concurso... Meus fãs estão comigo para o que der e vier e, desde que entraram na minha vida, eu nunca mais me senti sozinha. Tem incentivo melhor que esse? Se você é meu fã,

obrigada por tudo, viu?

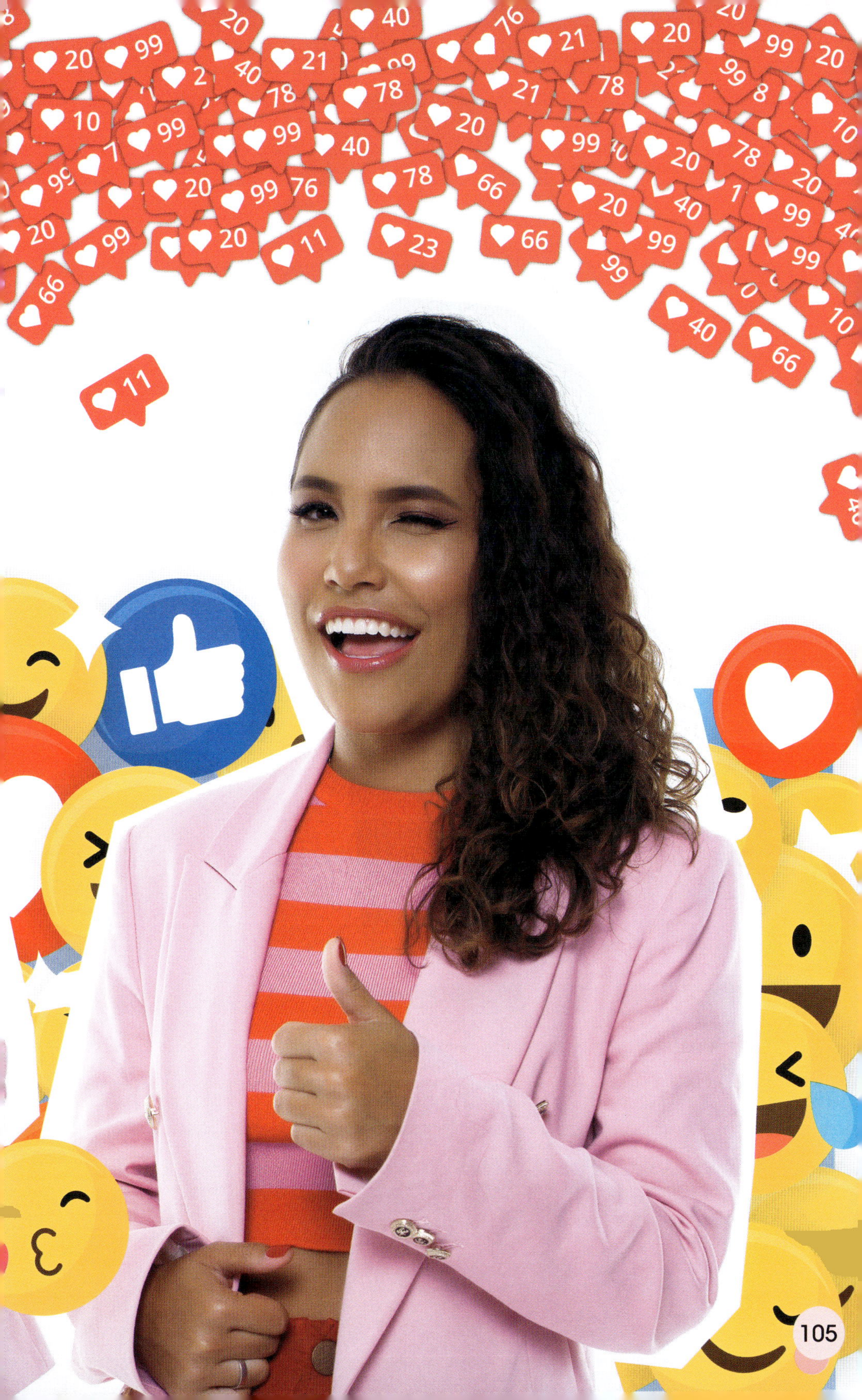

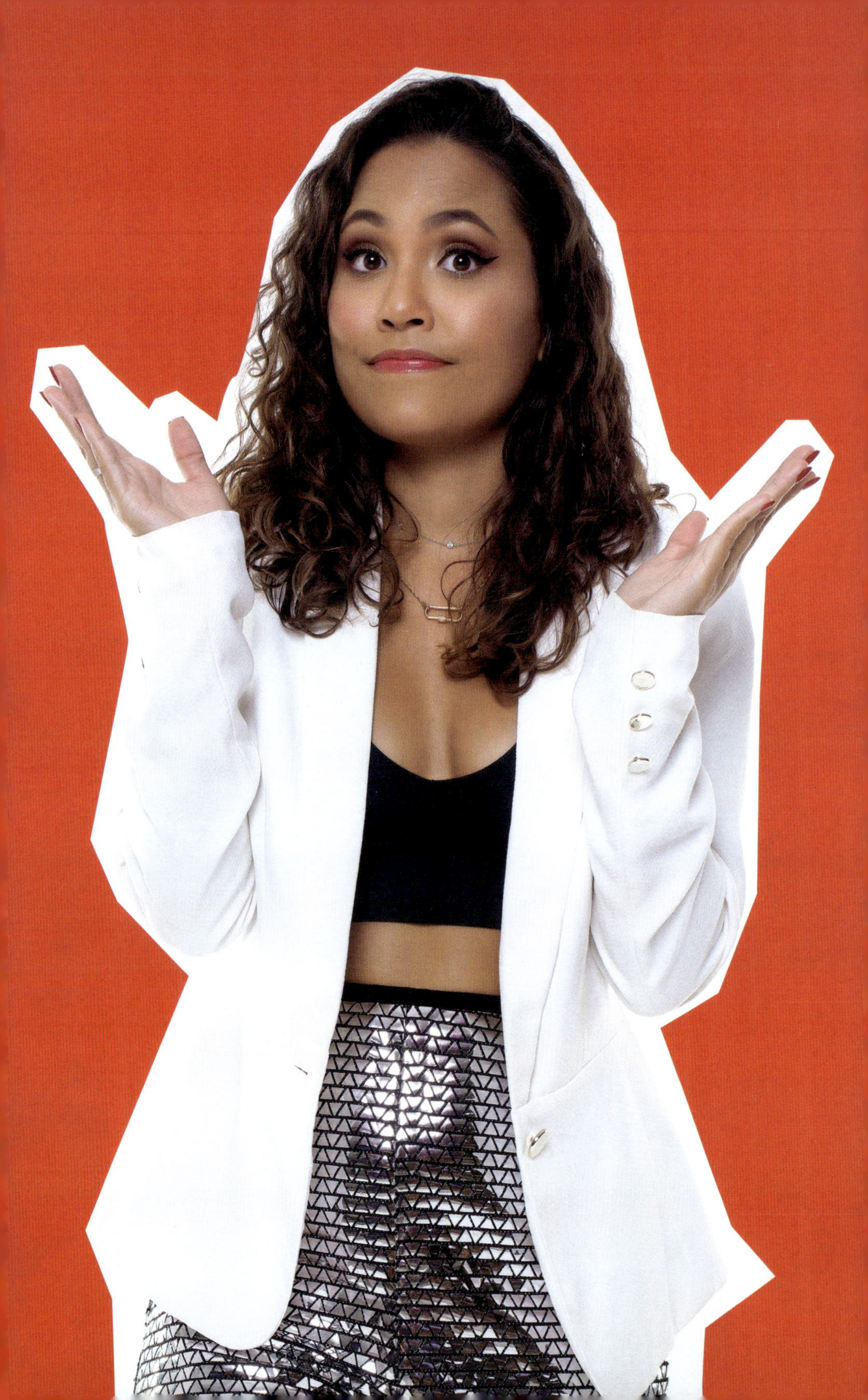

Capítulo 9

Dá para ser feliz na internet?

Capítulo 9

Dá para ser feliz na internet?

Você cuida da sua saúde mental? Aliás, vamos começar de outra forma: você sabe o que é saúde mental? Se sua resposta foi "não", não se preocupe! Reservei estas páginas para conversar com você sobre esse assunto, que considero um dos mais importantes dos dias de hoje, nesses tempos tão corridos em que vivemos.

Para explicar bem resumidamente, saúde mental nada mais é do que o nosso bem-estar psicológico. É claro que todos nós temos momentos de tristeza, nervosismo, medo ou desânimo, mas, quando estamos com a saúde mental "em dia", conseguimos lidar com os problemas e sentimentos ruins, que são naturais na vida de qualquer um, de uma maneira mais leve.

Cuidar da "cabeça", ou seja, da saúde mental, é tão importante quanto cuidar do corpo, e essa deve ser uma preocupação de todos nós, independentemente da profissão que escolhemos ou do estilo de vida que seguimos. Mas quem trabalha com a própria imagem e se expõe diante de milhões de pessoas, como é o caso dos influenciadores, deve estar ainda mais atento a essa questão. Afinal, a vida de um influenciador é recheada de elementos que podem afetar o psicológico: muita exposição, muita pressão, muitas tarefas, muitas cobranças, muitos julgamentos e pouco tempo.

Um dos maiores desafios de quem tem a internet como profissão é que, na web, tudo acontece muito rápido: de uma hora para outra surge uma nova *trend* e, se você não participa imediatamente, perde a oportunidade, porque, no dia seguinte, aquela onda já passou. Ou seja, além de ficar muito atento às novas tendências, é necessário encontrar tempo para realizar cada uma delas e se manter sempre em dia com o que está "bombando". Sem falar que um influenciador, hoje, precisa estar presente em todas as redes, não apenas no seu canal no YouTube. Mas eu vou te contar um segredo: isso é impossível!

Muita gente diz por aí que "quem quer dá um jeito e quem não quer arranja uma desculpa" (para não fazer alguma coisa). Mas, na prática, não é bem assim que funciona. Existe uma limitação muito simples: eu sou uma só e não consigo estar ao mesmo tempo no YouTube, no Instagram, no TikTok e em todas as plataformas da internet – pelo menos não do jeito que eu gostaria, com conteúdo de qualidade. Não dá tempo de acompanhar todas as tendências, gravar vídeos sobre cada uma delas, publicar nas redes sociais e, além disso, cuidar de todas as minhas tarefas do canal do YouTube – não sem enlouquecer!

Apesar de ter plena consciência de que trabalho muito e dou sempre o meu melhor em tudo que faço, de vez em quando ainda me sinto aflita, ansiosa, com a sensação de que o dia passou e eu não fiz nada. Às vezes, passo horas administrando as contas do canal, lidando com fornecedores ou organizando detalhes e, quando me dou conta, o dia já está quase no fim e não publiquei nada nas redes sociais. Ou seja, trabalhei o dia inteiro, mas, ainda assim, sinto que fiz pouco, e isso me deixa frustrada.

A pressão para estar presente em todas as redes e produzir conteúdo o tempo todo é bem estressante. Eu e Luiz temos uma "gaveta" de vídeos já gravados e editados, que podem ser publicados a qualquer momento, se um de nós ficar doente e não puder gravar, por exemplo. Mas esses vídeos gravados com antecedência são "frios", não falam dos assuntos ou tendências do momento. Precisamos produzir novidade toda hora, e, com isso, acaba sobrando muito pouco tempo para descansar.

Para não pirar com toda essa pressão, é fundamental ter em mente que não é possível abraçar o mundo e que o tempo não se multiplica só porque temos muitas tarefas a cumprir. Quando entendi que não podia me cobrar além dos meus limites, passei a me sentir melhor e mais calma. Se eu não puder postar todos os dias no Instagram, tudo bem. Se eu precisar deixar o TikTok um pouco de lado para me concentrar nas gravações para o YouTube, tudo bem também. Trabalhar é muito importante, mas reservar um tempo para descansar e se divertir também é essencial.

Mas nem sempre consigo me "desapegar" das minhas próprias cobranças, viu? Agora mesmo, enquanto escrevo estas linhas, estou pensando nas próximas tarefas e nas pendências que preciso resolver. Às vezes, as demandas se acumulam e preciso correr para entregar tudo – nessas horas, o estresse é inevitável. Já virei muitas noites editando vídeos, já chorei por pensar que não conseguiria terminar tudo o que precisava, já me desesperei vendo o dia clarear enquanto eu trabalhava sem parar... Mas, hoje, consigo lidar melhor com isso: aprendi a me organizar e, principalmente, a contar com a ajuda de outras pessoas.

Quase todo influenciador começa sozinho ou com a ajuda da família e dos amigos, de um jeito bem amador. Comigo foi exatamente assim, como você já sabe. Mas, conforme o canal foi crescendo, mais tarefas surgiram e, além da produção dos vídeos, tive que aprender a lidar com marketing, licenciamento de produtos, campanhas publicitárias e várias outras questões. Eu e Luiz percebemos que, sozinhos, não daríamos conta de todas as frentes de trabalho que o canal e a nossa carreira como influenciadores exigem.

Hoje, temos o apoio de profissionais para o planejamento de redes, *design* e assessoria, por exemplo, além das pessoas que contratamos, ocasionalmente, para filmagens e serviços específicos. Isso nos trouxe um grande alívio, mas também nos coloca sob uma responsabilidade grande: se o nosso canal parar, muitas pessoas que estão ao nosso redor também param de trabalhar. Se deixarmos de produzir, vários trabalhadores serão prejudicados. Quando percebi isso, caiu a ficha de que, além de criadores de conteúdo, somos também empresários, com diversas vidas que hoje dependem de nós para trabalhar.

Outro ponto que pode afetar a saúde mental de qualquer youtuber é o fato de que precisamos estar preparados para lidar com os comentários e julgamentos do público – afinal, estamos o tempo todo expostos, diante das câmeras, mostrando as nossas vidas, dando a cara a tapa. Graças a Deus, nunca fui "cancelada" e tenho um público muito carinhoso, que, em geral, me trata com muito respeito. Mas, na internet, sempre aparecem aqueles que fazem comentários maldosos e tentam desmerecer nosso trabalho.

No YouTube, esse tipo de coisa acontece muito raramente: por lá, só o que recebo é o amor dos fãs. Mas, em redes como o Instagram e o TikTok, que são mais acessadas por adolescentes, vários dos meus *posts* recebem comentários de pessoas me "alfinetando", debochando do conteúdo e até me chamando de "inimiga da moda", numa crítica aos meus *looks*.

Eu sei que fiz parte da infância de muitas pessoas que hoje são adolescentes e que, por isso, de certa forma, rejeitam o conteúdo a que assistiam quando eram crianças. Isso é normal: todo adolescente tem aquela fase em que quer se distanciar de tudo o que gostava na infância, para sentir que cresceu.

Muitos deles deixam comentários nos meus *posts* com frases como "Nossa, a Rafa ainda existe?" ou então "Nem sabia que Rafa e Luiz ainda estavam juntos! Esse relacionamento só existe por interesse!". É claro que isso me magoa e, às vezes, me deixa abalada. Ninguém gosta de ler comentários como esses.

Mas, com o tempo, aprendi a não me abater com esse tipo de crítica, que muitas vezes é feita "da boca para fora", por alguém que simplesmente estava entediado, sem nada para fazer, e quis jogar um pouquinho de *hate* no *post* de alguém. É chato, mas, infelizmente, faz parte. O desafio é não permitir que as críticas ganhem mais importância na minha vida do que as demonstrações de afeto que recebo diariamente das pessoas que gostam de mim e torcem pelo meu sucesso.

Normalmente, as críticas nos marcam mais que os elogios, né? Quando alguém diz que me admira e acompanha o meu trabalho, fico superfeliz, é claro, mas aquilo não ocupa a minha cabeça por tanto tempo quanto uma crítica. Uma ofensa pode ecoar por muito mais tempo dentro de mim: às vezes, me questiono, me pergunto se a pessoa que me criticou não teria mesmo razão e até duvido da minha capacidade.

Para a minha sorte, tenho uma rede de apoio maravilhosa, que me dá muito suporte para lidar com toda essa exposição. Além da minha família, o Luiz está sempre ao meu lado, me ajudando a enxergar o lado bom das coisas e me lembrando do quanto eu sou competente, importante e amada. A gente sempre foi assim: um ajuda, apoia e cuida do outro. Assim fica um pouquinho mais fácil segurar essa barra!

Tão importante quanto não desabar com as críticas é não se deslumbrar com os elogios, "mimos" e privilégios que a vida de influenciador traz. É preciso ser realista e ter a cabeça no lugar para não se deixar levar pelos "biscoitos" e pelas declarações de amor e admiração dos fãs, para quem nós somos as pessoas mais incríveis e especiais do mundo. Não, nós não somos incríveis e especiais: somos pessoas comuns, como todas as outras.

Nunca me senti deslumbrada com as mudanças que aconteceram na minha vida desde que comecei a trabalhar com o YouTube. Com exceção da minha condição financeira, que me permite realizar vários sonhos, nada mudou. Continuo sendo a mesma Rafa, uma garota comum, irmã da Ju, namorada do Luiz, filha do Evandro e da Rosane, fã do Bruno Mars... Tenho certeza de que essa consciência tem a ver com a maneira como fui criada pelos meus pais, que sempre me ensinaram a ter os pés no chão.

Além do apoio da minha família e do Luiz, conto com o carinho e o cuidado de uma pessoa que é muito especial para mim: eu mesma. Sim! Finalmente aprendi o significado de "autocuidado". Depois de muito tempo me dedicando bem mais ao trabalho que a mim mesma, entendi a necessidade de cuidar de mim como uma prioridade, e descobri que fazer exercícios físicos é uma excelente maneira de manter o meu bem-estar psicológico. Por isso, além de malhar diariamente, eu jogo vôlei na praia com o Luiz duas vezes por semana – essa atividade se tornou uma grande "recompensa" no nosso dia a dia, um daqueles momentos que a gente espera com alegria.

Sério, gente: *atividade física muda a vida!* Às vezes, eu me sinto cansada, sem ideias, até que entro na aula on-line com a minha *personal trainer* para começarmos o treino do dia. O efeito é impressionante! Sempre termino a atividade me sentindo outra pessoa, muito mais disposta, cheia de energia e criatividade. Aliás, a minha *personal* já se tornou parte fundamental da minha vida: sem ela, os meus dias não são os mesmos.

Minha rotina é muito atribulada, mas faço questão de dedicar pequenos momentos a mim mesma, momentos em que posso apenas curtir, sem me preocupar em produzir nada. Além de malhar, gosto de ler, estudar e ver séries – coisas simples, mas que fazem uma diferença enorme no dia a dia e na saúde mental de quem trabalha demais. Nem sempre eu consigo dar uma escapadinha do trabalho para "bater perna" no shopping, hidratar os meus cabelos, fazer meu *skincare* ou me maquiar para me sentir bonita em casa, mas eu me esforço para que sempre sobre um tempinho para, pelo menos, uma dessas coisas.

É claro que nem todo mundo consegue manter a saúde mental em dia apenas cuidando desses hábitos. Muitas pessoas precisam de ajuda profissional, seja de um psicólogo ou psiquiatra. Nunca me consultei com um desses profissionais, porque, até hoje, ainda não senti essa necessidade, mas sei que esse é um serviço superimportante, que pode até salvar vidas. Por isso, se você sente que precisa de orientação e acompanhamento psicológicos, não tenha medo ou vergonha de procurar ajuda.

Sei que a internet pode ser um terreno fértil para a tristeza e as reclamações, mas eu seria hipócrita (e até ingrata!) se dissesse que me sinto triste ou infeliz por trabalhar como influenciadora. Perrengues, decepções, frustrações, excesso de cobrança, tudo isso faz parte da minha rotina, mas, sinceramente, eu me sinto muito feliz com a profissão que escolhi, com o carinho que recebo do público e as oportunidades que a vida de influenciadora me trouxe.

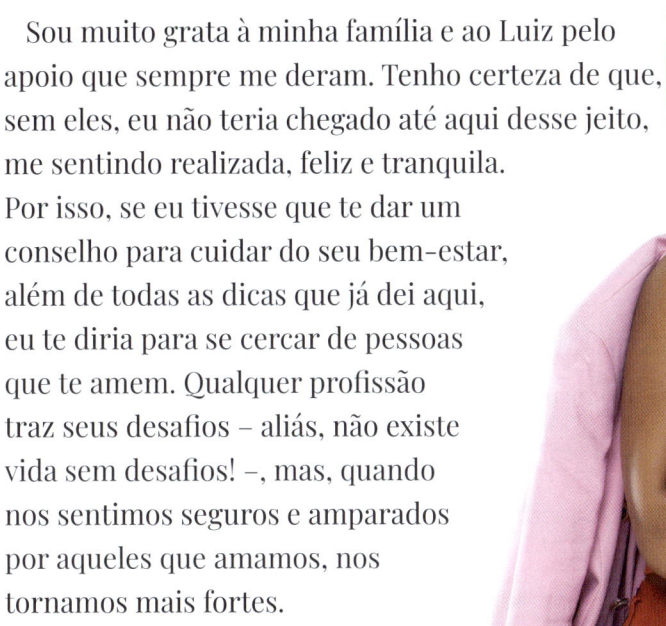

Sou muito grata à minha família e ao Luiz pelo apoio que sempre me deram. Tenho certeza de que, sem eles, eu não teria chegado até aqui desse jeito, me sentindo realizada, feliz e tranquila. Por isso, se eu tivesse que te dar um conselho para cuidar do seu bem-estar, além de todas as dicas que já dei aqui, eu te diria para se cercar de pessoas que te amem. Qualquer profissão traz seus desafios – aliás, não existe vida sem desafios! –, mas, quando nos sentimos seguros e amparados por aqueles que amamos, nos tornamos mais fortes.

Depois de realizar tantos sonhos e enfrentar tantos obstáculos, posso dizer que me sinto realizada, mas ainda tenho muito o que conquistar. Não, não falo de números de visualizações, inscritos, campanhas publicitárias ou qualquer outro objetivo profissional. O que eu quero, hoje, é seguir trabalhando com o que amo, de maneira saudável, para usufruir de cada conquista com saúde e curtir a vida ao lado da minha família, do Luiz, dos meus fãs e de todos aqueles que são especiais. Afinal, é isso que faz a vida valer a pena, né?

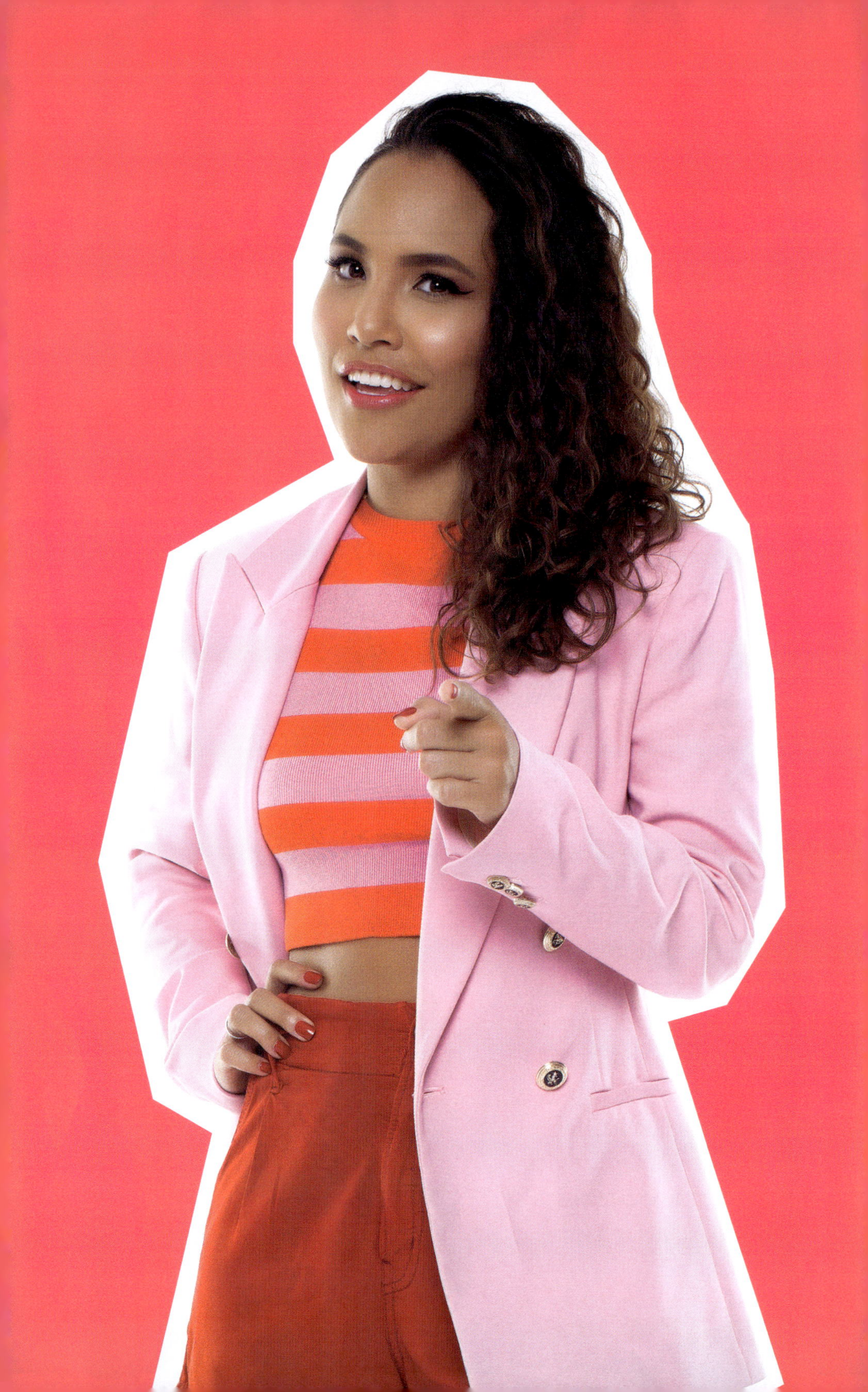

Capítulo 10

Agora é com você!

Capítulo 10

Agora é com você!

Nem acredito que chegamos ao último capítulo! Este livro foi um grande sonho, que eu agora realizo, junto com você. Aliás, sempre foi assim na minha vida. Você sempre esteve ao meu lado, me ajudando a subir cada degrau. E foi por isso que decidi escrevê-lo: eu sentia que precisava agradecer e retribuir, pelo menos um pouquinho, tudo o que você me deu.

Cada fã é muito especial para mim – e eu não falo isso da boca para fora, viu? Me sinto sempre muito feliz e sortuda por ter ao meu lado pessoas que me acompanham, incentivam e que torcem por mim. Pensando em "devolver" um pouco de todo esse incentivo, resolvi escrever este livro para falar da minha história como youtuber e empreendedora e, quem sabe, te inspirar a também correr atrás do seu próprio sonho, seja qual for.

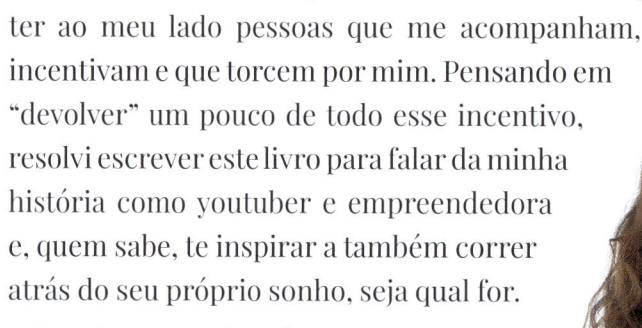

Queria que você conhecesse um pouco mais sobre mim e soubesse de tudo o que passei para chegar até aqui. Como eu disse nos capítulos anteriores, muita gente me vê "bombando" no YouTube e nas redes sociais, lançando novos projetos e negócios, e pode achar que todo esse sucesso caiu do céu.

Por isso, quis relembrar o início da minha carreira, quando eu gravava com a minha irmã num espacinho improvisado na nossa casa, no subúrbio do Rio, usando apenas o telefone celular e a criatividade.

Aos poucos, as coisas foram acontecendo, o canal crescendo e consegui aproveitar as oportunidades que surgiram, mas, antes disso, foi preciso acreditar muito no que eu queria e lutar para pôr em prática tudo o que eu sonhava. E é isso o que quero que você leve deste livro: a confiança de que você também pode realizar seus sonhos e conquistar o que deseja, por mais difícil que seja a caminhada!

Tenho consciência de que sou uma pessoa privilegiada por ter nascido numa família estruturada, com pais cuidadosos, que me proporcionaram uma boa educação, além de terem custeado todas as minhas necessidades até que eu fosse capaz de "correr atrás" por conta própria. Muita gente não tem isso, infelizmente, e sei que, para essas pessoas, o caminho é ainda mais difícil. *Mas eu gostaria que todo mundo acreditasse que é capaz de chegar aonde quer*, porque sinto que essa força de vontade e essa perseverança me impulsionaram na vida, me fizeram conquistar coisas que pareciam impossíveis para uma menina suburbana sem contatos influentes e grana para investir na carreira.

E olha eu aqui! Se eu consegui, *você também pode*.

Muita gente acha que só vai prosperar na vida quando estiver mais velho, depois de se casar, ter filhos e trilhar uma longa jornada no mundo corporativo. Essa parece ser a única opção que o mundo nos apresenta, porque é a mais convencional, mas, na verdade, existem diversos caminhos, e cada um pode definir o seu.

Eu, por exemplo, comecei a trabalhar muito cedo – primeiro "de brincadeira", mas logo a coisa se tornou séria – e aprendi a investir em mim mesma e na minha carreira, de uma maneira totalmente independente. Não tenho chefe, carteira assinada e direitos trabalhistas, mas tenho autonomia, liberdade criativa e sou dona do meu próprio negócio – junto com o Luiz, é claro! Conquistei, bem antes dos 30 anos, coisas que meus pais jamais puderam ter, mesmo depois de muitos e muitos anos de trabalho e dedicação. Minha maior alegria, aliás, é saber que, graças ao meu trabalho, posso proporcionar a eles uma vida mais confortável.

Acreditando nos meus sonhos, consegui mudar a minha realidade e a da minha família, e, por isso, eu gostaria muito que você também acreditasse que pode ser o que deseja, sem permitir que as dificuldades te impeçam de fazer planos.

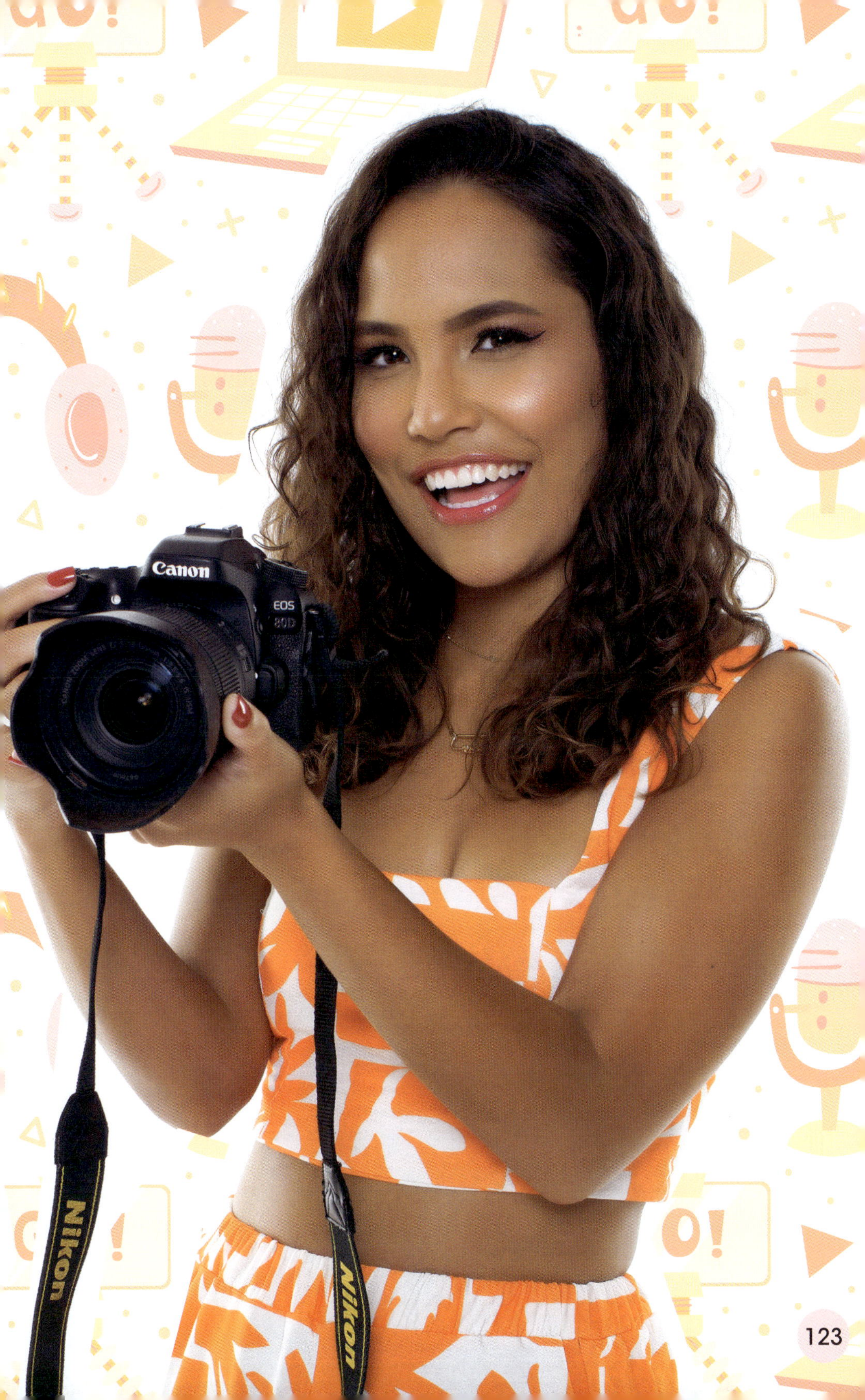
Canon
EOS
80D
Nikon
Nikon

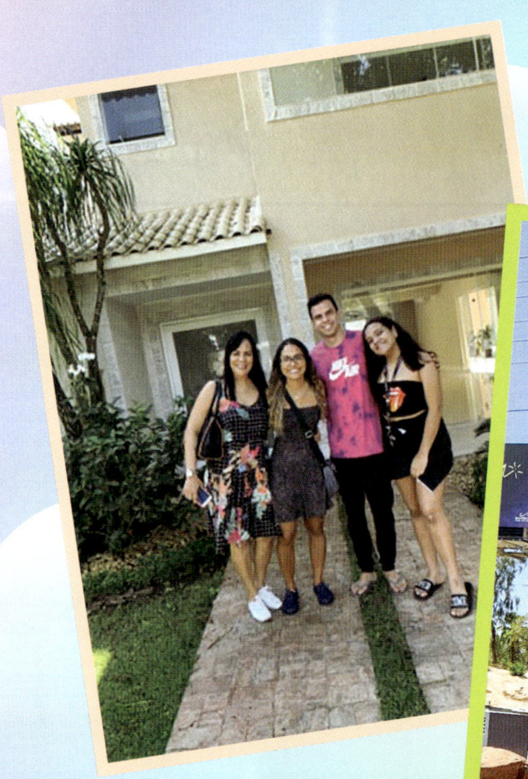

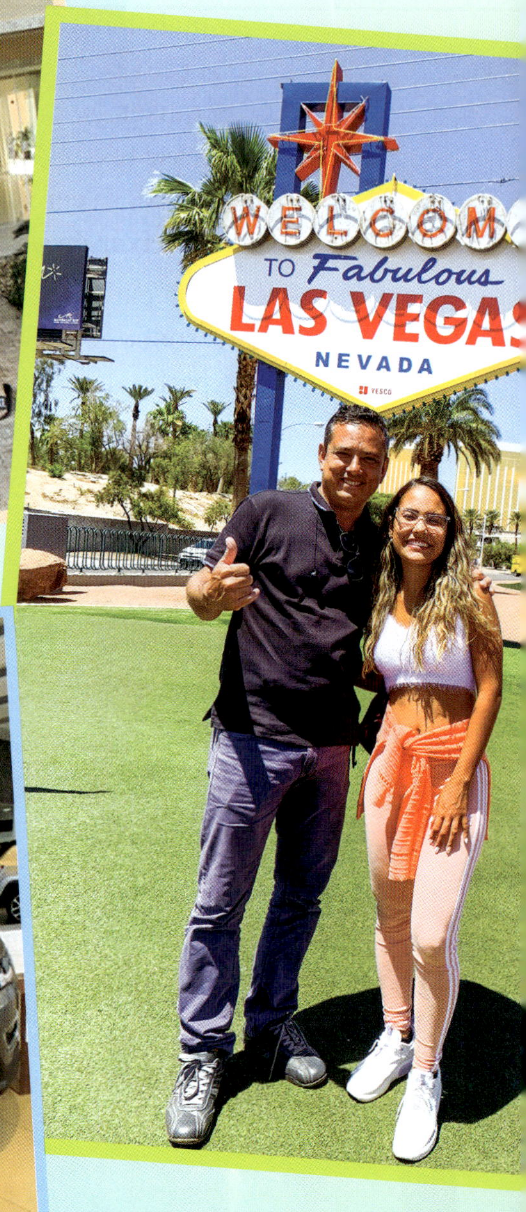
WELCOM
TO Fabulous
LAS VEGA
NEVADA

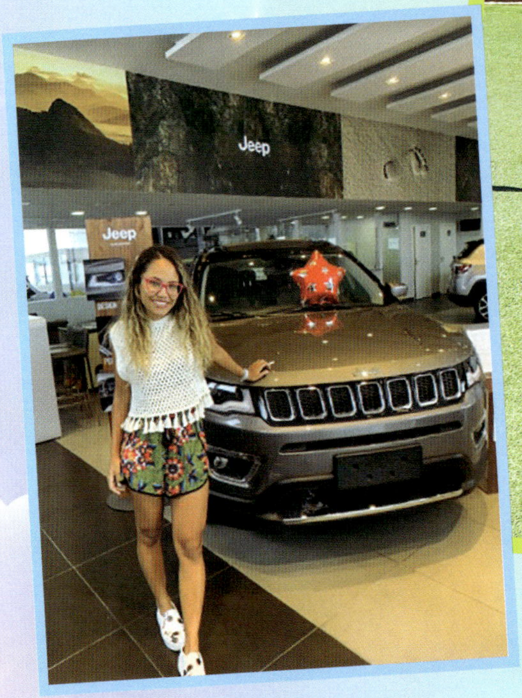
Jeep
Jeep

Espero que, depois de conhecer a minha história, você se sinta mais motivado e perceba que tem energia, disposição e talento necessários para chegar aonde quiser. Não existe manual para isso, mas se eu pudesse te dar uma dica, diria para você seguir seu coração, se cercar de pessoas em quem confia e jamais deixar de sonhar.

Promete para mim que vai tentar? Seja lá qual for seu sonho, nunca desista dele! As dificuldades fazem parte do processo e vão existir sempre, mas cabe a nós encontrar a melhor forma de superá-las. Quando aprendemos a fazer do limão uma limonada, tudo fica mais leve, até mesmo os problemas. Portanto, aprenda a lidar com eles e siga focado no seu objetivo, pois desistir não deve ser uma opção. Insista, persista e não desista! Quando você menos esperar, acontece!

Puxa, chegamos ao fim deste livro e acho que ainda não estou preparada para me despedir de você! Ainda bem que podemos continuar juntos, pelo tempo que quisermos: sempre que bater a saudade, a gente pode se falar pela internet, você pode ver os meus vídeos e eu posso te conhecer melhor por meio dos seus comentários. Nossa história não termina aqui – aliás, *ela está só começando!*

Direção editorial
Daniele Cajueiro

Coordenação editorial
Eliana Rinaldi

Editora responsável
Lívia Barbosa

Gerência de produção
Adriana Torres

Produção editorial
Alice Massari, Evandro Matoso e Fernanda Oliveira

Preparação de texto
Marília Lamas

Copidesque
Islaine Lemos

Revisão
João Paulo Castro e Sandra Valéria de Oliveira

Capa, projeto gráfico de miolo e diagramação
Camila Cortez

Fotos da autora
Washington Possato

Este livro foi impresso em 2022,
para a Nova Fronteira.